JN410414

한국의 수필 대표작선집

다이아몬드 세트

강물의 끝

정혜옥 수필선

한국의 수필 대표작선집

강물의 끝

정혜옥 수필선

1판 1쇄 인쇄/ 2017년 6월 10일
1판 1쇄 발행/ 2017년 6월 15일

지은이 / 정 혜 옥
펴낸이 / 우 희 정
펴낸곳 / 도서출판 소소리

등록 / 제300-2007-21호
주소 / 03073 서울 종로구 성균관로 5길 39-16
전화 / 765-5663, 010-4265-5663
e-mail: sosori39@hanmail.net
www. sosori.net

*잘못된 책은 바꿔드립니다.　　값 8,000 원

ISBN 979-11-5891-076-1　04810
ISBN 978-89-959287-6-9　(세트)

한국의 수필 대표작선집

다이아몬드 세트

강물의 끝

정혜옥 수필선

■

한국의 수필 대표작선집을 내면서

오늘의 문학 현실을 위기라고들 합니다. 영상 혹은 전자 매체의 범람 등으로 활자문화가 한계에 이르렀다는 우려입니다. 한편으로 위기는 기회를 뜻하기도 합니다.

이 시점에서 수필문학의 주체적 진술방식과 시에 조금도 다를 바 없는 서정의 운문적 양식을 주시한다면 그 해결책이 어렵지 않다고 생각합니다.

주변에는 치열한 작가정신과 파한(破閑)의 여정이라는 틀을 부수고 실험으로 투철한 용기 있는 문학인들이 많습니다. 개개인의 의도적이고 객관적인 처지를 모색하면서 그 특성을 작품으로 창출해냄을 높이 평가해야 합니다.

우리의 수필문학을 오늘에 있게 한 중진들의 작품 가운데서 대표작이라 할 만한 것을 가려 문학사적인 정립을 시도한다면 그 중흥의 한몫을 해내리라 믿습니다.

「한국의 수필 대표작선집」을 기획 편찬하는 까닭도 여기에 있습니다. 많은 참여와 조언, 지도편달과 아낌없는 협조를 당부 드립니다.

- 편찬위원회

차 례 ◁

1 파묻히다

2 나비의 말

1

파묻히다

개꼬리 풀

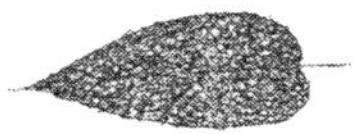

유월초가 되자 개꼬리 풀이 성장을 멈추었다. 무언가를 표현하기 위해 용을 쓰고 있는 듯 정지된 그대로 가만히 있다. 꽃을 피우려는 것일까. 관심이 갔다.

개꼬리 풀과의 만남은 지난 봄, 남강 하류에 있는 들판을 걷고 있을 때였다. 고향에 갈 때마다 느끼는 쓸쓸한 기분에 젖어 있었다. 그리운 사람들의 모습은 간 곳이 없고 저절로 피고 지는 들풀만이 천지에 가득하였다. '한 세대가 지나가 버렸구나.' 하는 생각이 들었다.

어떤 남자가 곁을 스치고 갔다. 먼 산을 보다가 먼 동네를 보다가 하며 걸어갔다. 농사와는 무관한 사람인 듯 흰 얼굴이 모자 밑으로 보였다. 구식 옷을 입고 있었다. 구식 옷이란 양복과는 거리가 먼 옛날 옷을 말한다. 오래된 것인지 소매 끝이 낡아 보였다. 흰 옷 자락을 펄럭이며 학처럼 훨훨 길을 가고 있는 남자. 청량한 바람 한 자락이 지나가는 것 같았다. 이제 타관살이에서 돌아와 고향의 산과 들을 둘러보고 있는가. 무명베의 옛 옷을 꺼내어 입고 오래된 옛길을 오래된 기분으로 가고 있는가.

해는 설핏 산으로 내려오고, 해를 보던 눈을 땅으로 돌렸다. 그때 눈에 뜨인 풀이 있었다. 줄기며 잎에 잡티가 없다. 깨끗하였다. 풀 몇 포기를 진흙 속에서 뽑아 올렸다. 집으로 데리고 와서 백리향 곁에 심었다. 한 달이 지나도록 풀의 이름을 알지 못하였다. 고향의 넓은 들에서 살고 있던 존재, 무명옷의 순결한 빛과 함께 내게 다가온 존재, 진흙 속에서 건져 올려 우리 집 꽃밭으로 신분상승을 시켜준 존재, 이런 느낌으로 보고 있었다.

스승의 날에 꽃바구니가 배달되어 왔다. 꽃을 들고 온 청년이 마당에 들어서며 "아, 개꼬리 풀이 있네." 하였다. 들판에서 데리고 온 풀을 두고 하는 말이다. 농촌 출신인 듯 마당에 있는 다른 풀의 이름도 알고 있었다. 쇠스랑개비며 박주가리 나물도 들먹였다. 나는 화려한 꽃바구니보다 그가 불러주는 풀의 이름에 더 호기심이 일어났다. 풀에 대한 이야기를 좀 더 하고 싶었으나 청년은 오토바이를 타고 바람처럼 가버린다. 처음 만난 젊은 사람에게서 개꼬리 풀의 이름을 배우다니, 단아한 모습의 풀이 동물의 형상을 딴 개꼬리 풀이라니 이상한 느낌이 들었다.

개꼬리 풀은 오랫동안 키만 자랄 뿐 가만히 있었다. 드디어 변화가 일어났다. 쑥쑥 크던 키가 정지를 하고 맨 끝 정수리에 움 같은 것이 솟아올랐다. 옆으로 비스듬히 누워 흰 꽃을 다닥다닥 피우기 시작했다. 개의 꼬리와 닮아 있었다.

초등학교 시절의 육 년간을 산골에서 살았다. 그때 쏘다녔던 산과 들, 강가에서도 눈에 띈 적이 없었던 개꼬리 풀을 지금에야 만나 한 울타리 안에서 살게 되었다. 인연이었을까.

이웃집에서 꽃모종을 얻으러 왔다. 능소화와 금은화 새끼를 캐어 주었다. 개꼬리 풀도 한 포기 뽑아 주며 이름을 말해 주었다. 그는 풀이름을 듣는 순간 "천한 풀이네." 하며 갖고 가지를 않았다. 거부당한 개꼬리 풀을 땅에 도로 심었다. 그리고 하찮은 이름 때문에 그 존재를 무시하는 사람에게는 어떤 것도 나누어주지 않겠다고 다짐을 했다.

나는 한 번도 개꼬리 풀을 천한 존재라고 생각한 적이 없다. 땅으로 기어가며 삶의 영토를 살금살금 확장해 가는 풀보다는, 어떤 이익을 위해 이리저리 얽혀가며 결속과 타협을 쉽게 하는 삶의 방식보다는 자기 자리를 지키며 의연하게 살아가고 있는 개꼬리 풀의 자세가 더 품위 있게 느껴졌다. 현란한 다른 꽃처럼 사람의 마음을 흔들어대지도 않고 시시각각으로 변하여 가는 꽃의 빛깔들, 그 허망함에 대한 고통도 주지 않는다.

백리향 곁에 새로 살림을 차린 개꼬리 풀, 번식력이 강한 개꼬리 풀은 새 터전 위에서 자손을 늘리고 번성할 것이다. 백리향의 좋은 냄새를 맡으며 향기로운 존재가 될 것이다.

오늘도 나는 내 생명의 근원인 고향의 산야를, 무형의 바람 속에서 건들거리고 있던 온갖 이름 모를 풀들을 생각한다. 옛 무명베의 구식 옷을 입고 텅 빈 옛길을 걸어가고 있던 늙은 남자의 기분을, 그 해질녘의 빛깔을 다시 떠올린다. 개꼬리 풀 곁에서.

나의 옛집

‘남강 둑을 내려서서 북쪽으로 가면 긴 골목이 나올 것이고 골목 안에 옛집이 있을 것이다.’ ‘말띠고개로 넘어가는 고갯길 입구에서 시장 쪽을 향해 걸어가다 보면 옛집으로 통하는 길이 보일 것이다.’ 아니면 ‘신작로 옆에 있는 공동 우물에서 동쪽 골목길로 들어서면 바로 옛집이 나타날 것이다.’ 이 기억을 나는 삼십 년 동안 한 번도 잊어본 적이 없다.

그 옛집을 찾아 나섰다. 먼저 남강으로 갔다. 시퍼런 풀들로 뒤덮여 있던 강둑은 없어지고 시멘트 축대가 쌓여 있다. 길도 끊어지고 없었다. 강에서 시작하려고 했던 나의 옛집 찾기는 허사가 되고 말았다. 말띠고개 길 앞에 다시 섰다. 두 갈래 길이 나있다. 하나는 남강으로 가는 길이고 하나는 저자거리로 통하는 길이다. 나는 시장으로 내려가는 길을 따라 걸으며 왼쪽으로 굽어지는 골목을 찾았다. 그러나 골목이 나타나기도 전에 새 집들이 막아선다. 옛집과 새집, 옛길과 새 길이 얽히어 뒤죽박죽이 되어 있다.

끝으로 공동 샘터를 찾아갔다. 물맛이 시원하기로 장새미 우물 다음 간다는 샘도 메워지고 없었다. 모든 길들은 옛집으로 통할 것 같았던 희망은 사라지고 다리가 아팠다.

길가에 어떤 노파가 앉아 있다. 나도 쭈그리고 앉았다. "무엇을 찾고 있소." 그가 물었다. "옛날에 살았던 집을 찾고 있어요." 하고 대답을 했다. "어디든지 정을 붙이고 살면 되지. 무엇이 남아 있다고 옛 동네를 헤매고 있노." 하며 딱하다는 듯이 쳐다본다. 나의 모습이 타관살이에서 재산을 탕진하고 고향으로 돌아온 사람처럼 그에게 비추인 것일까.

나는 공동 우물, 둑 밑에 있던 솥 공장, 국수집 등의 이야기를 끄집어내었고 끝으로 우리 할아버지 할머니에 대한 말을 하였다. 그는 "그래, 목소리가 쩌렁쩌렁하던 할아버지, 흰 모시옷을 차려 입은 할머니의 모습은 참 도도해

보였지." 했다. 그것뿐 아니고 우리 집에 있던 대추나무, 단감나무 이야기도 하였다

아, 그는 할아버지의 큰 음성과 도도하고 요조했던 우리 할머니의 모습을 기억하고 있는 것이었다. 자랑스러웠던 우리 집 마당의 나무들을 잊지 않고 있는 것이었다. 모시올 같은 흰 머리카락이 머리 위에 덮여있지만 박 속같이 흰 피부, 둥근 얼굴 등 낯이 익다. 기억이 난다. 골목 끝집에 살고 있었던 젊은 새댁이 분명하다. 새댁이 제삿밥을 머리에 이고 집에 오면 "인물이 함박꽃 같다." 하시던 할머니의 말씀이 생각나고 그때 아직 소녀였던 나의 눈에 비쳤던 아리따운 새각시, 그 여자가 틀림이 없다.

그런 말을 하며 내가 알은 체를 하자 "그래, 맞다. 몸이 제릅데기 같이 빼빼했던 아이." "바람만 불면 기침을 콜록콜록 하던 아이." 하며 그때의 나를 기억해 주었다. 우리는 옛이야기에 꽃을 피웠다. 샘물의 물맛이며, 우물에서 두레박질을 하며 떠들어대던 길녀 어머니 고함소리며, 늙은 기생이 음식 맛을 풍기면서 경영하던 요릿집이며 한겨울의 대한추위보다 더 매서웠던 나막신장이 추위도 끄집어내었다.

그는 또 이런 말도 했다. 시집을 올 때부터 살고 있는

지금의 집에서 마지막 눈을 감고 싶다고 했었다. 동네 지킴이처럼 남아있는 그의 모습은 낡고 오래된 헌 집 같았다. 끝으로 길 건너 붉은 벽돌집을 가리키며 우리의 옛집을 부수고 그 자리에 새로 지어 올린 집이라고 알려준다. 덧붙여서 집터가 좋은지 새 주인이 떼돈을 벌어 부자가 되었다고 했다. 도시 계획에 따라 큰길가로 나온 옛집이 새 주인에게 떼돈을 안겨준 모양이다.

나의 옛집은 그렇게 변하여 눈앞에 서 있었다. 겸손하게 골목 안에 숨어있던 옛집 대신 부잣집으로 변모한 새 집이 떵떵거리며 길가에 버티고 있다. 집주인 듯한 남자가 담벼락에 못을 박고 있다. 망치소리에 따라 이유를 알 수 없는 아픔이 가슴을 뚫고 들어온다. 옛집과의 해후는 그렇게 허망하게 끝이 났다.

할아버지가 지어 올린 집, 내가 새 생명으로 태어난 집, 나의 살과 뼈가 형성된 집, 내 정신이 이룩된 집, 어머니의 자궁과도 같은 나의 옛집, 옛집에 대한 느낌은 이런 것만이 아니다. 양철 지붕 위에 내려앉던 빗소리, 비꼼이 세상을 내다보던 봉창 문, 처마 끝에 달린 촉수 낮은 전등과 건너편 방문 위에 걸려있던 달밤의 그림, 그리고 가족들의 말소리, 웃음소리 등, 이 모든 것이 나를 둘러싸고 있었다. 나를 지켜주고 있었다.

나는 옛집이 그대로 보존되어 있으리라고는 생각하지 않았었다. 허물어지고 피폐해진 집일지라도 우리의 흔적이 남아있으리라 믿었었다. 그리고 들려주고 싶었다. 나의 모든 이야기를, 그동안 집 바깥에서 치러낸 나의 삶, 그 날들의 환희와 고통을 나의 옛집에게 일러바치고 싶었다.

자리에서 일어났다. 노파가 "또 오소." 하며 헤어지는 인사를 한다. 그러나 나는 알고 있다. 다시는 오고 싶지 않는 나의 마음을, 옛집을 밀어내고 거만하게 서 있는 낯선 집을 다시는 보고 싶지 않는 나의 아픈 마음을. 옛 동네를 떠났다. 지금의 거처로 돌아가기 위해 남강의 긴 다리를 건넜다. 남강 물은 부서진 판자 한 조각을 싣고 동쪽을 향해 흘러가고 있었다.

매화, 육백년을 살다

그 매화나무에 대한 소문은 오래전부터 귀에 들려왔었다. 지리산 밑에 있는 깊은 산골, 모든 것이 사라지고 없는 빈 절터, 육백년이나 나이를 먹은 나무, 이런 말들이 복합되어 매화나무에 대한 소문은 언제나 신비롭고 아득한 느낌을 갖게 하였다.

매화나무 이야기를 최초로 들려준 사람은 어떤 골동품점의 주인이다. 그림 한 폭을 보게 되었다. 매화도였다. 굵은 나무 등걸에 매화가 듬성듬성 피어있는 수묵화였다. 연대는 물론 낙관조차 희미한 그림에는 먹물의 향기가 강약을 이루며 번져 있었다. 주인은 매화도의 격조를 설명하며 지리산 밑에 수령이 육백년이 넘는 매화 한 그루가 살고 있다고 했다. 그리고 이 매화도와 그 매화나무는 서로 닮아 있다고 하였다. 그날, 나는 파초가 그려져 있는 사기 대접 한 점을 사오며 파초 잎에 떨어지는 빗소리만 떠올렸을 뿐 지리산 밑에 살고 있다는 매화 이야기는 이내 잊어버렸다.

두 번째로 그 매화나무의 말을 듣게 된 것은 청매 두 그루를 뜰에 심을 때였다. 나무를 땅에 묻던 식물원 노인이 운치 있는 매화목이 되기까지는 긴 세월이 필요하다고 하며 지리산 근방에 있다는 오래된 매화나무 이야기를 또 일러주었다. 그날 우리는 한 번도 본 적이 없는 매화나무를 두고 많은 말을 하였다. 노인은 깊은 연륜 때문에 모습은 노쇠해 보이겠지만 당당하고 기품 있게 서 있을 것이라 했고, 나는 반대로 더욱 웅장하게 자라나서 꽃향기를 백 리 밖까지 뿜어대고 있을 것이라 하였다. 노인은 매화나무의 의지를, 나는 매화나무의 화려한 감성을 이야기 했던 것 같다.

어떤 분의 분재 전시회에 갔다. 매화나무, 소사나무 등 여러 종류의 수목들이 좁은 공간에서 곡예를 하듯 성장하고 있었다. 하늘을 향해 거침없이 솟아오르는 것이 나무의 생리라고 알고 있는 나는 분재의 모습이 답답하게 느껴졌다. 이런 기분을 짐작한 듯 옆에 있던 사람이 분재에 대한 설명을 해주었다. 제멋대로 뻗어나는 분방한 성장력을 좁은 공간 속에서 격조 있게 다스리는 것이 분재의 참뜻이라고 하며 분재에는 절제된 아름다움과 겸손한 정신이 함축되어 있다고 했다. 그분은 또 지리산 근방에 있는 단속사 옛 절터에 거대한 분재와도 같은 매화나무가 있다고 하였다. 육백년이나 나이를 먹었다는 매화나무를 일컫는 것 같았다.

지난 겨울, 몇 차례 독한 감기를 앓았다. 그때 무병장수하며 오래 살고 있다는 매화나무가 보고 싶었다. 매화꽃이 필 때쯤 길을 떠났다. 나는 장엄한 매화나무와의 만남, 그 인연을 생각하며 어린 시절, 우리 집 마당가에 있던 꾸부정한 매화나무도 떠올리고 산비탈에 초연하게 서 있던 외로운 매화도 떠올렸다.

단속사 절터를 물어가며 실상사 옆도 지나고, 높고 험한 밤 머리재도 넘었다. 덕천강 어귀에서 소 떼들과 길을 가고 있는 노인을 만났다. "아, 운리에 있는 절터 말이군. 거기 늙은 매화나무가 살고 있지." 하며 가는 길을 알려주었다. 절터에 닿았다. 솔밭 사이로 당간지주 두 개가 나타나더니 곧 삼층 석탑 한 쌍이 눈에 들어왔다. 솔거의 유마상이 있었다는 융성했던 절의 모습은 흔적이 없고 매화나무도 보이지 않았다. 쏴쏴 불어대는 솔바람 소리와 봄날의 적요만이 빈 절터를 지배하고 있었다.

어디서 꽃향기가 풍겨왔다. 매화 향기였다. 향기를 따라 갔다. 향기가 멈추는 곳, 아, 거기 우리가 찾아 헤매던 매화나무가 있었다. 골목 안에 숨어 향기를 뿜어대고 있었다. 육백 년이 넘는 긴 세월 동안 더욱 높게 하늘로 솟아 있을 나무, 사방팔방으로 가지를 뻗어 구름 떼처럼 꽃을 달고 있을 나무, 그러나 매화나무는 그런 모습이 아니었다.

굵은 나무 등걸에 비하여 키는 더욱 낮아지고 긴 시공의 풍화 속을 견디어 온 듯 매화나무는 소슬하고 외롭게 서 있었다. 다문다문 꽃을 달고 있는 나무는 한 그루 거대한 분재처럼 절제되어 있었다. 정당매(政堂梅)라는 칭호까지 얻은 매화나무는 지리산의 정기를 받으며 오랜 장수를 누리고 있었다. 육백년의 세월, 우리가 짐작조차 할 수 없는 그 막막한 세월 동안 매화나무가 바라보았을 이 세상 모든 것, 매화나무가 본 세상은 어떤 것이었을까. 아름다운 것이었을까. 슬픈 것이었을까.

매화나무 곁에 서서 나도 세상을 건너다본다. 영원불변하는 지리산도 보이고 산을 지탱하고 있는 암울한 바위도 보인다. 산자락에 붙어있는 밭이며 길도 보인다. 모든 길은 산에서 끝나고 있다. 사람이 떠나고 없는 빈 집도 보인다. 마당에는 잡초들이 우묵 장승처럼 솟아있다. 흥망과 성쇠 속에서 영원히 남아있는 것과 또 남아있지 못하는 것, 그 구분이 확실해진다.

사진 한 장을 찍었다. 매화나무는 서서, 나는 쉬어가는 길손처럼 나무 밑에 앉아 사진을 찍었다. 지리산 산바람이 불어왔다. 그 바람은 매화나무와 인간을 갈라놓으려는 듯 소리를 내며 우리 사이를 뚫고 지나갔다.

무명베 한 필

무명베 한 필을 소유하게 된 내력은 이러하다. 시도 때도 없이 밀려오는 조급증을 잠재우기 위해 할 일없이 쏘다니던 때가 있었다. 오십대 초반, 그때가 갱년기였던 것 같다. 그날도 아침부터 불안하고 초조한 세력들이 가슴 밑에서 솟아올랐다. 움직이지 않고는 견딜 수 없었다.

집을 나섰다. 목적지가 없다. 처음에는 바닷가를 생각했지만 광활하고 음울한 물빛이 더욱 막막한 슬픔을 안겨줄 것 같아 방향을 바꾸어 북쪽으로 갔다. 몇 개의 소읍을 지나자 산골 마을이 나타났고 사람들이 많이 모여 있었다. 장날이었다. 그곳에는 내가 알지 못하는 기쁨이 있을 것 같기도 하였다. 사람들 사이에 끼여 들었다.

밭에서 갓 뽑아온 채소와 과일, 익은 곡식이며 열매들

이 많았다. 나는 붉은 고추며 햇콩이며 수수를 조금씩 샀다. 황토 빛 토담처럼 앉아있는 촌부들과 실랑이를 벌이며 소리치고 떠들었다. 마음 속 그늘이 조금씩 걷혀지는 것 같았다. 그릇 전 옆에 산 도라지와 약초를 팔고 있는 여자가 있었다. 다른 보자기에는 무명베 한 필도 싸여 있다. 나와 연령이 비슷해 보이는 여자도 마음의 병을 앓고 있는지 얼굴이 어두워 보였다.

무명베를 보니 어떤 친구가 생각났다. 치마를 펼치며 "무명베에 염색을 해서 만든 옷이다." 하며 자랑을 했었다. 독특하고 멋이 있었다. 문득 나도 '무명베에 고운 빛깔의 물을 들여 옷을 만들자. 멋을 한번 부려보자.' 하는 생각이 들었다. 무명베 한 필을 샀다. 촌 여자는 "살림 밑천으로 시집을 올 때 갖고 온 것이요." 하며 건네주었다. 그리고 섭섭하고 아쉬운 듯 거친 손길을 무명베 위로 왔다 갔다 하였다.

맹물에 담가 삶아낸 무명베를 햇볕에 바래었다. 길이가 사십 자, 폭이 한 자쯤 되는 무명베는 스무 세(細) 정도로 올이 고왔다. 무명베를 널기 위해 마당 한복판에 바지랑대를 세우고 양쪽으로 줄을 맸다. 무명베는 빨랫줄에 감겨 바람이 불 때마다 깃폭처럼 나부꼈다. 그런 부산함 때문에 조급증이며 불안감도 희미하게 바래어져 갔다.

그 후 나는 해마다 무명베를 두고 옷을 만들어 입을 궁리를 했었다. 하지만 궁리로만 끝났을 뿐 실행에 옮기지는 못하였다. 게으른 탓도 있겠지만 멋을 부리며 뽐내고 싶은 욕망이 사라져 버렸기 때문이다. 흰 날실과 올실이 수없이 교차하면서 완성시킨 한 필의 무명베를 가위로 댕강댕강 잘라내는 일이며 희고 깨끗한 바탕에 얼룩덜룩하게 염색을 하는 그런 짓을 하고 싶지 않은 마음 때문이다.

십여 년의 세월이 흘러갔다. 무명베는 지금 먹감나무 장롱에 그대로 들어있다. 무명베 뿐 아니고 명주 한 필과 안동포 한 필도 함께 있다. 명주는 지난날 명주 공장을 했던 외가에서 "우리 집에서 짠 마지막 비단이다." 하며 보내준 것이고 안동포는 큰며느리가 시집을 올 때 예단으로 갖고 온 것이다. 옛 여인의 손으로 직접 베틀에서 짜여진 이 피륙들은 먹감나무 장롱과 함께 우리 집의 보물이 되어 있다. 나는 이것들을 농 안에 넣었다가 꺼내었다가 하며 지키고 있다.

눈이 내렸다. 흰 눈에 파묻혀 가는 앞산을 올려다본다. 그 순백의 세계를 보고 있노라니 무명베의 흰 바탕과 백자의 흰 빛, 무명 저고리의 소매, 그 곡선이 떠오른다.

무명 두루마기 자락을 펄럭이며 들길을 걸어가던 옛 남자들이며, 무명 치마 적삼을 입고 동동걸음을 치던 옛 여자들, 그리고 무명으로 지은 핫바지저고리 한 벌로 눈 덮인 벌판, 그 추위 속을 뚫고 가던 옛 농부들의 모습이 생각난다.

넓은 목화밭과 실을 뽑아내는 물레질 소리, 베 짜는 소리 등. 드디어 사십 자 길이의 무명베 한 필이 완성되면 쇠진한 육체는 무너지듯 베틀에서 내려앉았을 것이다. 어린 시절에 본 이런 기억들은 서러움과 고통 같은 것을 항시 동반하고 있다.

살림 밑천인 무명베 한 필을 쌀 반 가마니 값으로 팔아먹던 촌부의 가난과 그런 무명베를 두고 멋을 부리고 싶어 했던 나의 허세가 지고지순한 흰 빛 앞에서 아픔도 되고 부끄러움도 된다. 오늘도 나는 긴 무명베를 서리서리 풀어내기도 하고 다시 감기도 하면서 무명베 한 필과 나와의 관계를 생각하고 있다.

붕어빵을 찾아서

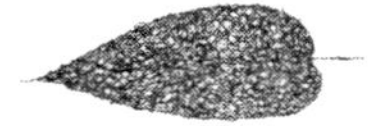

배가 고팠다. 식당이 보였지만 혼자 문을 밀치고 들어갈 용기가 없었다. '간단하게 요기를 하자' 하는 생각이 들었다, 며칠 전에 사먹은 붕어빵 생각이 났다. 그쪽으로 갔다. 붕어빵을 처음 만나던 날, 나는 병원에 다녀오는 길이었다. 의사가 "모든 것이 정상입니다." 하였다. 의사의 말이 기분 좋았다. 가벼운 마음으로 길을 걸어갔다. 그때 눈에 뜨인 붕어빵, 주인인 남자와 여자는 매우 젊어 보였다. 빵을 굽는 기계도 새것이었다. 등에 업힌 아이도 작고 어렸다. 싱싱한 기운이 그들을 둘러싸고 있었다.

남자와 여자는 모자를 깊숙이 쓰고 있었다. 나는 "모자를 벗으세요. 얼굴을 당당하게 드러내세요." 하며 새 힘의 넘침, 새 날의 희망, 새 정신의 깨끗함 등을 말해주고 싶었지만 "붕어의 모양이 참 예쁘네요." 이런 말만 하며 아이의 손만 잡아 주었다. 고사리 같은 손이 봄 싹처럼 말랑말랑 하였다.

붕어 빵 여덟 개를 샀다. 그 자리에서 세 개를 먹었다. 빵 속의 팥고물을 꺼내어 제비 입 같은 아이의 입에도 넣어주었다. 옆에 있는 미나리장수와 마늘을 까서 팔고 있는 여자에게도 두 개씩 나눠 주었다. 남은 빵 한 개는 집으로 돌아오며 길에서 질겅질겅 먹었다. 나는 이미 부끄러움이 없는 나이가 되어있었다.

그날의 붕어빵을 생각하며 걸어갔다. 붕어빵의 입과 꼬리도 생각하고 여자가 등에 업고 있는 아이의 무거움도 생각하고 하루벌이의 돈, 그 액수도 생각해보며 찾아가고 있었다. 방금 은행에 다녀오는 길이다. 통장의 잔고를 본 직원이 붙들었다. 돈을 그대로 두지 말고 정기예금을 하라고 권하였다. 십년 후면 목돈을 만질 수 있다고 했다. 십년 후에 손에 쥐어질 돈다발, 잠시 돈의 위력도 생각하고 십년의 길이도 생각했다. 머리를 흔들었다. 지금 내게 필요한 것은 십년 후의 삶과 십년 후에 만져 볼 돈다발이 아니고 배고픔을 면해 줄 붕어빵 세 개 정도이다.

그들이 보이지 않는다. 그늘을 만들어 주던 버짐나무만

혼자 서 있다. 마늘을 까서 팔고 있는 여자가 붕어빵장수는 단속반에 걸려 쫓겨났다고 했다. 자기도 마늘 보따리를 들고 도망을 쳤다가 돌아왔다고 했다. 미나리장수도 그렇게 말했다. 마늘장수는 붕어빵 남자가 다시 올 것이라 했고 미나리장수는 가게 한 칸 없이 쫓겨 다니는 신세를 한탄하며 붕어빵 장사를 때려 치웠는지도 모른다고 했다. 나는 아무 말도 하지 않았다. 젊은 부부가 포부를 가지고 창업한 가난한 사업체와 아직 때가 묻지 않은 빵 굽는 새 기계의 깨끗함과 모자 밑으로 감추고 있던 수줍은 눈매들을 떠올렸다. 그리고 그들의 분노도.

어디로 갔을까. 골목 안도 기웃거려보고 높은 빌딩 뒤쪽의 빈 땅도 살펴보았다. 마늘장수가 말했다. 쫓겨 다니다 보면 골병은 들겠지만 세월이 지나면 차츰 뻔뻔한 마음도 생기고 도망가는 요령도 배울 것이라고 했다. 뻔뻔한 마음, 도망치는 요령을 터득하면서 마침내 세상의 때를 묻혀 갈 붕어빵장수, 쓸쓸한 마음이 들었다.

마늘 까는 여자가 붕어빵장수가 돌아오면 자기가 한 턱 내겠다고 한다. 미나리장수도 한 턱 쏘겠다고 했다. 내게 얻어먹은 붕어빵 두 개를 갚음하려는 것 같았다. 우리는 "하하" 하고 웃었다. 붕어빵장수의 행방에 대한 염려를 웃음 뒤에 감추고 있었다.

마늘장수가 물건을 챙겼다. 집이 멀기 때문에 버스를 타고 간다고 했다. 왜 먼 곳까지 와서 장사를 하느냐고 물었더니 집 가까운 곳에서 하면 자식들 체면이 깎인다고 하였다. 집에 갈 때는 콩기름 한 병과 간 고등어 한 손을 사가지고 갈 것이라 했다. 손톱 밑이 헐도록 마늘을 까서 번 돈으로 며느리가 좋아할 것들을 사가지고 돌아가려는 것 같았다. 미나리장수는 붕어빵 삼 천 원어치만 사가지고 가면 손자들이 좋아할 텐데 하며 아쉬워했다. 자식들의 눈치를 보고 있는 그들의 삶, 서글픈 마음이 들었다. 나는 깐 마늘 두 봉지와 미나리 한 단을 샀다.

돌아오는 길, 붕어빵의 달콤한 맛, 마늘을 찧어 넣은 미나리나물의 감칠맛을 생각하였다. 머릿속에 제일 오래 남아있는 것이 붕어빵장수의 행방이었다. 그들은 지금 어디 있을까. 멀지 않아 가을, 나뭇잎이 떨어지는 그런 황량한 날에 붕어빵장수는 돌아올 것인가, 아니면 영영 모습을 감추고 말 것인가. 또 아니면 먼 후일, 번창한 사업체의 주인이 되어 뽐내듯이 이 거리에 나타날 것인가.

보고 싶다. 붕어빵장수가 버짐나무 밑으로 다시 돌아오는 날, 마늘 까는 여자의 함박웃음을, 길거리에 우렁거릴 미나리장수의 투박한 환영의 말을 듣고 싶다. 그리고 붕어빵장수의 숫저운 얼굴도. 어쩌면 그는 조금은 눈빛이 깊어져 있을지도 모르겠다. 그는 이미 쫓기는 자의 고통을, 가난한 자의 비애를 알고 있기 때문일 것이다. 그때쯤이면 잎이 떨어지고 없는 버짐나무 가지사이로 햇살이 비추일 것이다. 붕어빵장수의 어깨 위에도 더욱 많은 햇살이 쏟아져 내릴 것이다. 그것이 축복일까.

드디어 우리 집 대문 안으로 들어섰다. 손에 들고 있는 깐 마늘의 매운 냄새와 미나리 한 단의 풋내가 미각을 자극하고 나는 다시 맹렬하게 배가 고팠다.

빨간 산수유 열매 한 움큼

춥다. 그리고 지루하다. 몇 차례 눈이 내렸지만 봄은 아직 멀다. 덧옷을 입고 뜰에 내려선다. 내가 마당으로 나온 것은 마른 나무에 도사리고 있을 봄의 징조를 찾아보기 위해서이다. 땅 밑 흙속에 숨어있을 생명의 징조를 느껴보기 위해서이다.

마당에는 지난 계절의 풍성했던 흔적은 아무것도 없다. 모든 것이 비어 있고 모든 것이 가만히 있다. 채전 밭으로 갔다. 배추 뿌리가 묻혀있던 땅도 꽁꽁 얼어있다. 참새 떼만 우우 왔다가 날아가 버린다. 곁에 머물고 있는 것은 벗은 나무와 시든 풀잎 밖에 없다. 모두 어디 갔을까.

잔설이 남아 있다. 잿빛 땅과 잿빛 나무와 잿빛 하늘, 그리고 흰 눈, 모두 무채색이다. 하지만 흰 눈은 눈부시고 정결하다. 눈 위에 올라섰다. 흰 눈 위에 서 있는 여자, 나도 눈처럼 빛이 날까. 깨끗해질까. 눈을 밟았다. 뽀독뽀독 소리가 났다. 걸어가는 내 앞에 나무가 막아선다. 산수유나무이다.

나무를 올려다본다. 끝이 높다. 어느새 이만큼 컸을까. 나뭇가지에 빨간 열매가 달려있다. 불씨 같다. 불씨 하나가 가슴속에서 살아난다. 산수유나무를 심은 둘째 아들의 얼굴이 떠오른다. 아이가 아직 중학생이었을 때 마당을 넓혔다. 우리는 넓은 땅에 심을 나무들을 찾아 헤매고 다녔다.

어느 봄날, 아이가 나무 한 그루를 깃발처럼 흔들며 대문 안으로 들어섰다. 길가에 있는 임자 없는 나무를 뽑아 왔다고 했다. 그날부터 우리는 그 나무의 임자가 되었다. 처음에는 나무의 이름이 무엇인지 몰랐다. 이름은 알 수 없었지만 엄마를 기쁘게 해주려는 아이의 마음이 고마웠다. 땅에 뿌리를 묻었다. 그리고 아이도 자라고 나무도 자랐다. 봄이 오면 제일 먼저 노란 꽃을 피웠다. 사람들은 산수유나무라고도 하고 생강나무라고도 하였다. 산수유나무였다.

봄이면 꽃이 피고 가을이면 열매를 맺고 이렇게 네 번

을 되풀이 한 후 아이는 내 곁을 떠났다. 공부를 하러 서울로 갔다. 나는 자주 산수유나무 곁에 서서 타관살이 하는 아이를 그리워하였고 나무는 혼자 키가 쑥쑥 커갔다. 우리 집에서 키가 제일 큰 나무가 되었다. 산수유나무가 거목이 된 것처럼 아들도 이제 장년의 나이가 되었다.

나무의 몸을 흔들어 본다. 꿈쩍도 하지 않는다. 강인한 힘이 느껴졌다. 하지만 내가 흔들어대는데도 그대로 버티고 있는 나무, 조금 섭섭한 생각이 들었다. 요사인 자주 섭섭한 마음이 들고 자주 위로받고 싶은 마음이 든다. 오늘 아침에도 잠에서 깨어나며 제일 먼저 벽에 걸린 달력을 보았다. 설날 위에 표시해둔 동그라미를 손으로 꼽아 보았다. 스무 날이 남았다. 나는 스무 날, 스무 날 하며 자리에서 일어났고 스무 날, 스무 날 하며 설날에 고여들 자식들을 생각하였다.

산수유 밑에 서서 나무의 끝을 올려다보다가 고개를 숙여 뿌리가 묻힌 땅을 내려다보다가 했다. 문득 흰 눈 속에 묻혀 있는 빨간 열매가 눈에 뜨였다. 몸을 굽혀 열매를 주웠다. 불씨를 줍고 있는 것 같았다. 눈을 헤집으며 계속 열매를 주웠다. 목에 두른 수건이 흘러내리는 것도, 주머니 안에서 울리고 있는 전화 소리에도 아랑곳 하지 않고 열매를 주웠다. 나는 "이렇게 영롱한 빛이 눈 속에 묻혀 있었다니…." "나무에서 분리되어 혼자 땅 위에서 추위를 견디고 있었다니…." 하였다

열매 한 움큼을 손에 쥐고 일어섰다. 그늘 진 응달을 빠르게 떠나 밝은 양지쪽으로 왔다. 산수유 열매를 쥐고 있는 손도 따뜻해지고 마음도 따뜻해졌다. 그리고 겨울을 견디고 있는 땅 위의 모든 것이 위대해 보였다. 차가운 바람과 눈 속에서도 영롱한 빛을 지키고 있는 산수유 열매도 위대해 보였다. 아들이 심은 산수유나무는 더욱 위대해 보였다.

소사나무의 뼈

늦가을, 수목원에 갔다. 나무들이 옷을 벗고 있다. 마른 잎 몇 개가 남아있는 분재 앞에서 걸음을 멈추었다. 잎을 만져 보았다. 바스락 소리가 났다. 부서졌다. 나무의 둥치가 용틀임을 하듯이 굽이치고 있다. 이름이 무엇일까, 팻말을 읽었다. 소사나무라고 적혀 있다.

청춘 남녀가 다가온다. 손을 잡고 희희낙락하며 소사나무 곁으로 왔다. "참, 멋이 있네." "죽어버린 것 같은 고목에도 새잎이 나올까요." 처녀가 한 말이다. "와, 오러 살았네." "너무 늙어 뼈만 남아 있군." 이 말은 청년이 한 말이다. 수령이 칠십 년이라고 쓰여 있다.

한 바퀴 휙 둘러본 그들은 바쁘게 떠나갔다. 혼자 남았다. 나는 소사나무 분재 앞에서 젊은이들의 힘찬 발걸음도 생각하고 "오래 살았네." 하던 말도 생각했다. 칭송의 말 같기도 하고 그렇지 않은 것 같기도 하였다. 뼈만 남았다고 하던 청년의 말을 떠올리며 줄기를 만져보았다. 딱딱하고 완강하다. 생명의 진이 다 빠져버린 뼈와 같다 하는 느낌이 들었다.

집에도 어린 소사나무 한 그루가 있다. 가야산 가까이 있는 서원에서 얻어 왔다. 산 위에 내려앉는 석양을 구경하다가 서둘러 돌아오는 길이었다. 고색창연한 서원과 오래된 나무들이 보였다. 나무 끝에 노을이 걸려있었다. 석양 밑에 좀 더 머물자 하는 기분으로 서원으로 다가갔다.

한 남자가 보였다. 방금 서원에서 나온 듯 책 몇 권을 들고 있다. 나무 위에 얹혀있는 노을을 보고 있는 것일까. 고개를 들고 있다. 체크무늬의 옷을 입고 있다. 나뭇잎 몇 개가 옷 위에 떨어졌다. 옛 서원과는 어울리지 않는 옷차림, 그 기하학적인 무늬와 생명의 끈에서 분리되어 내려앉는 죽은 나뭇잎, 잿빛 하늘에 남아있는 채운, 그 관계들이 묘한 슬픔을 일으킨다.

남자에게 다가갔다. 의외로 나이가 많아보였다. 나무의 이름을 물었다. 소사나무라고 했다. 나는 "소슬한 이름이네요." 하였다. 남자는 "소슬한 것이 어찌 나무의 이름뿐

이겠소. 퇴락해 가는 서원도 소슬하고 텅 비어있는 마당도 소슬하지요. 오래된 소사나무의 모습은 더욱 소슬하지요." 하였다. 그리고 "소사나무가 탐이 나시오?" 하며 고목 밑에 있는 새끼 나무 한 그루를 뽑아주었다.

나를 따라온 소사나무를 뽕나무 곁에 심었다. 처음에는 몸살을 하는 것 같더니 이내 뿌리를 내리기 시작했다. 차츰 태깔이 나고 몸매도 정리가 되었다. 아름다운 나무가 될 조짐을 보이고 있다. 아직 바람소리는 내지 못하지만 봄이 오면 새 잎이 돋아나고 가을이 되면 잎이 떨어지는 순서를 지키고 있다.

오늘 나는 늙은 소사나무의 분재를 보며 우리 집 소사나무의 어린 생명을 생각한다. 여린 줄기가 굵고 단단한 뼈로 형성되어가는 그 장엄한 과정을 생각한다. 칠십 년의 세월이 흘러가면 우리 집 소사나무도 뼈만 남은 모습으로 늦가을 바람 속에서 떨고 있을 것인가.

나는 우리 집 소사나무를 분재로 키울 생각은 조금도 없다. 비좁은 공간 위에서 몸을 비비꼬며 성장하는 모습을 보는 것도 가슴 아프거니와 우울한 뼈를 사람들 앞에 드러내 보이며 칭송을 받게 할 마음은 없다. 생명을 지탱하기 위해 낮게 몸매를 웅크리며 절제하고 마침내 강물처럼 굽어지는 소사나무의 의지, 그 차갑고 엄격함. 나는 우리 집 소사나무에게 그런 삶을 살게 하고 싶지 않다. 창공을 향해 높이 솟아오르는 가벼움을 주고 싶다. 바람과 같은 자유를 주고 싶다.

앞으로 나는 소사나무 곁에 갈 때마다 그의 본향인 서원도 생각하고 옛 선비들이 소사나무를 심은 뜻도 생각할 것이다. 나무의 끝가지에 남아 있던 마지막 노을도 생각할 것이다. 그리고 후일, 우리 집 소사나무가 아름다운 거목이 되었을 때의 이 세상에서의 나의 부재(不在)도 생각할 것이다. 산과 물을 만나러 달려가고 산빛, 물빛을 옷자락에 묻히며 돌아오던 날들의 분주함, 그런 날의 기쁨도 생각할 것이다.

'소사나무' 하고 이름 한 번 불러보면 소슬한 느낌 한 자락이 가슴에 담기고 나무 끝에 바람이 부딪치면 '쏴쏴' 소리를 내며 몸을 흔들고 있을 우리 집 소사나무, 그런 날, 연령과 관계없이 나도 멋진 체크무늬의 젊은 옷을 입고 소사나무 밑에 한 번 서 있어 볼까. 소사나무와 나란히 서서 몸부림치고 있는 석양을 한 번 올려다볼까.

손자와 함께 먼 여행

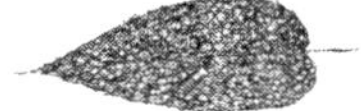

세 사람이 길을 떠났다. 열두 살 난 맏손자와 남편과 나. 아이는 어깨에 배낭을 메고 우리는 바퀴달린 가방을 끌고 집을 나섰다. 비행기를 타고 기차를 타고 배를 타고 이십오 일 동안, 서양의 5개국을 돌아다녔다. 낯선 땅, 낯선 사람들 사이에서 매우 신이 났고 또 피곤하였다.

우리는 왜 이 일을 도모했을까. 그것은 손자의 어떤 말 때문이었다. 손자와 마당에서 하늘에 떠가는 비행기를 자주 올려다보았다. 그때마다 아이는 "아, 나도 비행기를 타고 먼 나라에 가보았으면, 여러 나라를 돌아다녀 보았으면." 하였다. 외국의 풍경사진을 볼 때도 "저 높은 산을 나도 올라가 보았으면, 저 넓은 강을 건너가 보았으면." 했었다.

지난봄이었다. “이 세상 한가운데 서 있는 나무가 어디에 있어요?” 하고 손자가 물었다. 나의 두 번째 수필집 제목을 두고 하는 말이다. “먼 서양의 들판 가운데 있는 큰 나무란다.” 하고 대답을 했다. 그때 어떤 소망 하나가 갑자기 솟아올랐다. 우리의 힘이 아직 남아있을 때, 손자와 함께 먼 여행을 떠나자. 젊은 시절에 살았던 서양의 도시에도 데리고 가고 남편이 공부했던 대학에도 함께 가서 할아버지의 자취들을 보여주자. 세상 한가운데 서 있다는 나무 밑에도 가서 우리도 이 세상 한가운데 한번 서 있어보자. 하는 생각이 들었다. 미지의 넓은 세계를 보여주며 새로운 인식에 눈을 뜨게 해주고 싶기도 하였다. 마침 독일의 학회에서 남편에게 초청장이 왔고 손자와 나는 덧붙여서 따라 나섰다.

제일 먼저 찾아간 곳은 남편이 공부했던 대학이었다. 도서관과 연구실, 강의실을 돌아보며 아이는 물었다. “할아버지, 이 복도와 층계를 지나다녔어요? 저 두꺼운 서양 책을 들고 공부를 했어요?” 하였다. 내정의 목의자에 앉아 쉴 때도 “이 의자에 앉아 있었어요? 그때 무슨 생각을 하였어요?” 했다. 이런 질문도 하였다. “할아버지도 그때는 저 학생들처럼 젊었어요?” 하고 물었고 본관 건물을 지긋이 바라보고 있는 남편에게 아이는 또 "할아버지, 지금도 공부를 하고 싶어요?" 했다.

이번 여행처럼 많은 강과 호수를 만난 적이 또 있을까. 독일의 라인강이며 하이델베르크의 네카강, 비엔나의 도나우 강과 뮌헨의 이자르강, 그리고 로마의 테베르강과 파리의 세느강, 또 스위스의 그 많은 호수와 베니스의 물 등 우리는 서로 손을 잡고 강과 호수를 건너기도 하고 강가에 서서 강 위를 떠가는 큰 배를 보기도 하였다. 피렌체의 아르노 강변에서 나는 말하였다.

"세상에는 수많은 강이 서로 다른 물을 담고 흘러가고 있단다. 새로운 세계를 향해 힘차게 나아가고 있단다."

나는 서로 다른 물, 새로운 세계, 힘차게 나아감 등을 말할 때는 아이의 눈을 들여다보았다.

스위스의 쉴트호른을 올라갔을 때였다. 가파른 설산을 케이블카를 타고 등정하였다. 아이는 산 아래의 아득한 골짜기를 보며 아슬아슬하고 스릴이 있다 하였고 나는 어지러워 눈을 감았다. 산정의 회전 식당에서 바라본, 알프스의 영봉들, 장엄하고 신비로웠다. 나는 또 아이에게 말하였다. "이 세상에는 우리가 올라가 볼 수 있는 산과 그저 바라만 보는 산이 있단다. 산을 정복하는 것도 통쾌하지만 고개를 들고 산의 높음을 우러러 보는 것도 뜻이 깊단다." 하였다.

쉴트호론에서 내려올 때는 라우터브룬넨으로 바로 가지 않고 일부러 뮈렌 마을에 내렸다. 청청한 산속 공기를 마시며 골목길도 어슬렁거리고 눈 덮인 설산을 배경으로 사진도 찍었다. 나란히 서 있는 아이의 키가 어느새 할아버지의 어깨에 닿아 있음이 눈에 뜨였다.

로마체류의 닷새 째 되는 날, 폼페이의 유적을 찾아갔다. 이리저리 돌아다니던 아이가 "볼 것이 아무것도 없어요." 한다. 그때 나는 무너진 토벽 사이를 왕래하고 있는 허무의 바람을 느끼며 폐허 위에 솟아있는 풀을 보고 있었다.

나는 아이에게 베시비우스 산을 가리키며 화산의 횡포를 짧게 설명했을 뿐 폼페이의 비극을 자세하게 말하지 않았다. 인간이 감당하고 있는 예기치 못한 재앙, 그런 것을 손자에게 알려주고 싶지 않은 마음 때문이었다. 우리는 사람들이 흥청거리는 로마로 다시 돌아왔다.

마지막 기착지는 프랑스 파리. 로마에서 파리까지 가는 길을 두고 남편과 나는 실랑이를 벌였다. 남편은 빨리 갈 수 있는 밀라노 경유를 고집하였고 나는 피사와 토리노를 지나가는 바닷길을 고집했다. 내가 이겼다. 차창 밖에 펼쳐지는 은빛 물결. 티레니아 바다가 보였다. 나는 아이의 팔을 흔들며 "바다 봐라." 했고 손자는 우리나라의 동해가 더 푸르고 멋지다고 하였다. 해가 질 무렵 리옹역에 도착했다.

파리 체류 기간 솔본느대학에도 가보고 노들담 성당에도 갔었다. 출국 전날 밤, 에펠탑에도 오르고, 세느강 선유도 했다. 아이는 에펠탑 위에서도, 유람선 위에서도 낮에 본 파리와 밤에 본 파리가 너무 다르다고 하였다.

드디어 25일간의 여행을 끝내고 드골공항에서 비행기에 올랐다. 아이는 이륙하는 비행기 안에서 지나왔던 도시들의 이름과 산과 강의 이름과 우리가 만났던 사람들을 다시 들추어내었다.

비행기는 동쪽을 향해 오래오래 날아가고 이윽고 땅 위에 펼쳐져있는 시베리아 동토가 아득히 내려다보였다. 황폐한 불모지를 보고 있던 아이가 "아, 우리나라 금수강산, 빨리 우리나라 땅을 밟고 싶다." 하였다. 손자는 이미 어린 애국자가 되어 있었다.

아르노강 위에서

다리의 중간쯤에서 걸음을 멈추었다. 다리 밑으로 흐린 강물이 흐르고 있다. 방금 피사의 탑을 보고 돌아오는 길이다. 사탑주위에 몰려있는 선물가게와 관광객의 시끄러운 소리들, 머리가 조금 아팠다. 탑 밑에 서서 "그래도 지구는 돌고 있다."라고 외쳤던 갈릴레오 갈릴레이의 신념도 생각하고 육백 년 동안 기울어진 모습을 그대로 지탱하고 있는 탑의 집념도 생각하였다.

차를 타지 않고 일부러 걸어서 강까지 왔다. 강변에 건설된 옛 건물들과 느리게 움직이고 있는 강의 흐름과 이질적인 서양 사람들의 모습과 언어들, 나는 지금 오래된 것, 느린 것, 낯선 것들에 둘러 싸여있다.

서양 할머니 두 사람이 다리의 난간에 기대어 있다. 내

나이 또래인 것 같았다. 나는 한국말로 "강의 이름이 무엇이요?" 하며 손으로 강을 가리켰다. 두 사람 중 한 사람이 "아르노, 아르노." 했다. 나의 한국말을 알아들었을까. 그가 내게 말을 하였다. 이태리 말이었다. 어느 나라에서 왔느냐고 묻는 것 같았다. "코리아." 하고 대답을 했다. "오, 코리아. 코리아." 하며 맞장구를 쳐준다. 그가 데리고 있는 강아지도 컹컹 짖어대었다. 한국말, 이태리말 사이에 강아지의 말도 끼어들었다.

옆에 있던 다른 할머니가 손으로 비딱하게 기우는 시늉을 하며 말을 건넨다. 피사의 사탑을 구경했느냐고 묻는 것 같았다. 독일 말이었다. 나는 고개를 끄덕였다. 그는 또 "뮌헨, 취리히. 베로나." 하며 도시들의 이름을 들먹인다. 뮌헨에서 출발하여 이런 도시들을 지나 피사에 왔다는 뜻 같았다. 나도 그 도시들을 거쳐 이곳까지 왔다.

독일 할머니가 강을 보며 "이자르, 리맛트, 아드제." 하고 다시 말을 하였다. 이자르는 뮌헨에 있는 강의 이름이다. 또 리마트와 아드제는 취리히와 베로나 복판을 흐르고 있는 강이다. 나는 그 강들을 아침에 건너기도 하고 저녁에 바라보기도 하며 강물과 함께 어둠에 묻혀가기도 했었다.

서양의 강 이름을 듣고 있으니 갑자기 우리의 강들이

떠올랐다. 섬진강, 남강, 낙동강 등의 찬란한 물살이 눈앞에 솟아오른다. 나는 큰소리로 그들 앞에서 우리의 강 이름을 불러대었다. 하이마트라는 말도 끼어 넣었다. 그렇다. 섬진강, 남강, 낙동강은 고향의 산야를 흘러가고 있는 강의 이름이다.

나는 지금, 아르노강의 흐린 물빛 위에서 한국의 청청한 강을 그리워하고 있다. 강물의 빛남과 강가에서 누렸던 기쁨을 떠올리고 있다. 나의 생명을 형성시킨 강의 수질과 강의 흐름, 그 흐름 속에 담겨 있는 유구한 역사를 생각하고 있다.

이태리 할머니가 손가락을 폈다 오므렸다 폈다 하며 쳐다본다. 나이를 묻는 것 같았다. 나도 손가락을 폈다 오므렸다 하며 나이의 숫자를 꼽아보였다. 독일 할머니도 그렇게 하였다. 독일 할머니의 나이가 가장 많았다. 하지만 붉은 윗옷과 귀고리, 목걸이로 치장을 한 그의 모습은 세 사람 중 제일 젊어 보였다.

국적이 다른 세 할머니가 이태리의 아르노 강 위에서 만났다. 오다가다 만난 인연으로 함께 시간을 보내고 있다. 서로의 나랏말로 의사를 표시하며 조국의 이름을 말하고 고향의 강들을 이야기하였다. 나이들도 드러내었다.

서로의 나이를 알게 된 우리는 "하하." 하고 웃음소리를 내었다. 쓸쓸한 웃음이었다. 그때, 이태리 할머니는 들고 있던 지팡이를 다시 고쳐 쥐었고 독일 할머니는 흰 머리카락을 손으로 쓸어 올렸다. 나는 불편한 왼쪽 무릎을 주먹으로 탁탁 쳤다.

이윽고 세 사람은 헤어지는 인사를 하였다. 각자의 나라말로 하였다. '자오' '비다 센' 하는 이태리나 독일 말보다 '안녕.' 하는 우리나라 말이 더 정겨운 것 같았다.

세 사람이 흩어졌다. 독일 할머니는 피사의 탑이 있는 쪽으로 가고 이태리 할머니는 그대로 남아있었다. 나는 토리노 행 열차를 타기 위해 역이 있는 방향으로 걸어갔다. 다리 끝에서 걸음을 멈추었다. 나의 생애에서 다시 만나질 수 없는 아르노강의 물빛을 잠시 내려다보았다.

아주 작은 성당

언덕을 올라갔다. 꼬불꼬불한 산길을 걸었다. 안드레아 신부님은. 무엇을 보여주려고 우리를 산속으로 이끌고 가는 것일까. 산 하나를 넘었다. 벌판이 보였다. 초원 가운데 작은 집 한 채가 서 있다. 지붕 위의 십자가가 빛나고 있었다. '크라이네 킬케(작은 성당)' 이렇게 말씀하시며 걸음을 멈추신다. 문을 밀고 들어갔다. 삐걱 소리가 났다. 성당 안에는 몇 개의 기도대만 있었다. 참으로 소박하고 작은 성당이었다.

십자가가 있는 쪽을 향해 신부님이 무릎을 꿇었다. 우리도 그렇게 하였다. 일어서신 신부님이 두 손을 마주잡는다. 처음에는 기도를 하시는 줄 알았다. 기도가 아니었다. 노래를 불렀다. 구노의 '아베 마리아'였다.

신부님의 눈이 한 곳을 응시하고 있다. 거기 성모님이 서 계시는 것 같았다. 그러나 지금, 그의 노래를 듣고 있는 사람은 남편과 나, 손때가 묻은 기도대와 흙내만 풍기고 있는 벽 밖에 없다. 노래를 마친 신부님이 성당의 유래에 대해 말씀해 주셨다. 그리고 신부님과의 관계도.

아득한 옛날부터 이 성당을 '농부의 성당', '여행자의 성당'이라고 불렀다고 한다. 들일을 하던 농부들이 고단한 몸을 쉬며 기도하던 성당, 먼 길을 가던 길손이 지친 몸을 쉬며 기도하던 성당. 오늘 신부님이 우리를 이곳에 데리고 온 뜻을 알 것 같았다. 머나 먼 한국에서 온 우리도 지치고 피곤한 길손이 아니던가.

신부님은 어린 시절부터 이 성당을 알고 있다고 하셨다. 그때 맡아 본 초원의 풀냄새와 들판을 불어오던 바람소리가 참 좋았다고 하셨다. 성당 옆에 있는 버찌나무를 가리키며 어릴 적에 자주 올라갔던 나무라고 하셨다. 작은 성당에 대한 깊은 애정이 말씀 속에 담겨 있었다.

남편과 신부님은 나이가 비슷하다. 남편의 유학 시절, 그때 신부님은 크렘스뮌스타 수도원 성당의 보좌 신부로 계셨고 남편은 방학 때마다 수도원을 찾아가 휴가를 보냈다. 그때부터 두 사람은 친하게 지냈던 것 같다.

오늘도 신부님은 그가 봉사하고 있는 산골 성당으로 우리를 데리고 갔다. 그곳에서 점심을 먹었다. 그때 남편이 그를 한국으로 초청하였고 신부님은 성당에 매인 몸이라 불가능하다고 하였다. 매인 몸이라는 말을 듣고 신부님을 매고 있는 질긴 끄나풀, 하느님과 그와의 깊은 연결을 생각하였다.

풀밭에 있는 목(木)의자에 앉았다. 두 사람은 내가 알아들을 수 없는 독일 말로 웃고 떠들었다. 몸을 흔들기도 하고 서로 어깨를 치기도 하였다. 나는 그들 곁을 떠나 작은 나무 밑으로 갔다. 나무 밑에 앉아 민들레도 보고 패랭이도 보았다. 먼 산도 보았다. 먼 산 너머 아득한 곳에 있는 한국도 생각하였다.

갑자기 큰 웃음소리가 들려왔다. 박장대소를 하는 것 같았다. 남편이 나를 불렀다. 이야기를 들려준다. 지난날 남편이 수도원에 머무는 동안, 수도원장의 배려로 수도자들만 거처하는 조용한 콤벤드에서 지내게 되었다. 어느 날 마을에서 원장님에게 보고가 들어왔다. 어떤 수사님의 방에 밤새 불이 켜 있다고 하며 밤 열시만 되면 잠을 자야 하는 수도원 규칙을 어긴다는 것은 무슨 고민이 있는 것이 분명하니 조사를 해보라고 하였다.

수도원은 언덕 위에 있고 마을은 언덕 아래에 있기 때문에 마을에서는 수도원에서 울리는 종소리도 들리고 방의 불빛도 보인다. 원장님이 조사를 하였다. 그런데 불이 켜 있던 방은 수도자들의 방이 아니고 남편의 방임을 알게 되었다. 깊은 밤까지 공부를 하는 남편의 일을 알게 된 원장님은 더욱 격려를 해주셨고 본당 신부님은 주일 미사 때 신자들 앞에서 해명을 하시며 남편을 한국에서 온 유학생이라고 소개하였다. 신자들은 박수를 치며 환영을 해주었다고 한다.

이미 머리가 희끗 희끗한 두 사람, 어쩌다 그 옛 이야기가 나왔을까. 젊은 날의 사건이 그리움처럼 떠올랐을까. 산과 들, 작은 성당을 향해 박장대소를 하게 만들었을까.

신부님이 우리를 작은 성당으로 이끌고 온 이유가 궁금해진다. 아베마리아 노래를 부르신 이유가 궁금해진다. 깨닫는다. 신부님이 가슴 속에 키워가는 삶, 그것은 아름다운 성모님에게 바치는 찬양 같은 것. 오래된 성당에 기대듯 서 있는 한 그루 나무 같은 것. 지치고 피곤한 사람들이 머물다 가는 소박한 성당 같은 것. 이런 것이 아니었을까. 가슴 속에 내밀하게 숨겨둔 작은 성당을 옛 친구인 남편에게 보여주고 싶어 하신 것이 아니었을까. 먼 곳에서 길손처럼 찾아온 우리에게 신부님의 은밀한 기쁨을 자랑하고 싶었던 것이 아니었을까.

들판을 내려왔다. 나는 신부님과 남편의 뒷모습을 가만히 사진을 찍었다. 아주 작은 성당은 기억 속에 담아 갈 뿐 사진은 찍지 않았다. 들판 가운데 혼자 남겨 두었다.

옥수수수염

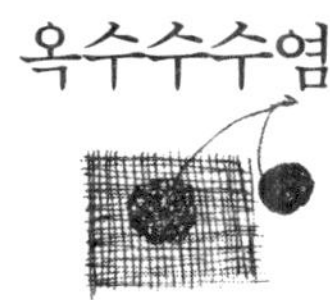

아이가 풀밭 위에서 놀고 있다. 젊은 엄마가 나무 밑에 앉아 책을 읽고 있다. 금빛 머리카락을 나부끼며 달려가는 아이와 독서를 하는 어머니, 보기 좋은 풍경이다. 이곳은 뮌헨 가까이 있는 상뜨 오티리안 수도원, 이 수도원에 닷새째 머물고 있다. 새벽 미사 예절과 저녁 기도에 참여하며 수도원의 의식에 동참하고 있다.

오늘은 주일, 장엄한 그레고리안 성가 미사에 다녀왔다. 인근에 있는 주민들도 깨끗한 옷을 입고 모여들었다. 안식일인 오늘은 수사님들도 모든 노역을 중지하고 기도와 산책과 담소로 주일을 보내고 있다. 농장에서 채소를 가꾸는 농부 수사님도, 인쇄소에서 책을 만드는 제본공 수사님도, 부엌에서 요리를 하는 부엌데기 수사님도 한가하게 정원을 거닐고 있다.

베네딕또 수도원의 본원인 이곳에는 새로 입회한 젊은 수사들과 노인 수사님이 많다. 활동력이 있는 장년의 수사님들은 세계 곳곳에 흩어져 봉사에 전념하고 있다. 그동안 수도원의 박물관, 작업실, 농장 등을 구경하였다. 수도원의 자랑인 중앙 제단에는 한국 최초의 사제이며 순교자인 성 김대건 신부님의 석상이 제대를 바치고 있다.

오후에는 수도원 근방에 있는 호수를 보기 위해 밖으로 나갔다. 돌아오는 길에 풀밭 위에서 어떤 모자(母子)를 만났다. 동양 사람을 처음 보았는지 아이가 우리를 보고 옥수수 수풀 속으로 들어가 버린다. 얼굴을 내밀다가 눈이 마주치면 또 몸을 감춘다. 나는 손자에게 하듯이 아이에게 방긋 웃어 주었다. 그러나 아이는 다시 옥수수 밭 안으로 숨는다. 아이의 모습이 보이지 않자 엄마가 "마틴, 마틴." 하고 이름을 부른다. 아이가 옥수수 밭에서 나온다. 이번에는 아이가 나를 보고 먼저 웃는다. 서로의 마음이 통한 것 같다. 아이가 손에 뭔가를 쥐고 있다. 밭에서 뜯어 온 옥수수수수염이었다. 그것을 머리 위에 얹기도 하고 수염처럼 얼굴에 대어 보기도 한다.

그때 수도원 쪽에서 검은 수단을 길게 입은 노(老) 수사한 분이 걸어왔다. 박물관 앞에 앉아 있던 문지기 수사님이시다. 그분의 얼굴에 희고 긴 수염이 나있다. 아이를 번쩍 들어올린다. 아이가 손에 쥐고 있던 옥수수수염을 수사님의 수염에 대었다가 자기 볼에 대었다가 한다.

아이가 무슨 말을 하자 수사님은 "그래, 그래." 하는 듯이 고개를 끄덕이더니 함께 수도원 안으로 들어간다. 그들 손에는 새로 뜯은 옥수수수염 한 움큼이 쥐어져 있었다. 엄마는 수사님과 아이를 가만히 보고 있다. 이윽고 두 사람이 수도원에서 나왔다. 기이하게도 아이의 얼굴에도 수염이 붙어 있다. 옥수수수염이었다. 아이의 요청에 따라 일부러 수도 안으로 들어가 어떤 방법으로 옥수수수염을 붙여준 것 같다. 그들은 손으로 수염을 쓸어내리기도 하고 바람에 나부끼기도 한다. 아이와 함께 놀고 있는 수사님의 얼굴이 얼마나 평화로운지 방금 만나고 온 깊고 푸른 호수의 고요한 수면을 다시 보는 듯하다.

노 수사님과 아이의 연령의 차이를 짐작해 본다. 아이는 다섯 살 정도이고 수사님은 칠순이 훨씬 더 넘어 보인다. 그들 사이에는 칠십 년 정도의 간격이 벌어져 있다. 박물관 문지기인 수사님은 지난날, 아프리카에서 봉사활동을 하셨다고 했다. 지구 저쪽, 검은 대륙에서 온 생애를 보내고 지금은 은퇴하여 박물관 문지기가 되어 있다.

아프리카의 뜨거운 열기며 그 땅에서 치러낸 노고의 흔적은 조금도 나타내지 않고 긴 수염만을 나부끼고 있는 수사님, 전 생애의 온전한 봉헌을 끝내고 이제는 거두는 자의 부르심을 기다리고 있는 수사님, 어린아이로 다시 돌아간 듯 천진난만하게 옥수수수염 놀이를 하고 있는 수사님.

나는 한 생애의 시작과 끝을 바라보듯 아이의 얼굴과 늙은 수사님의 얼굴을 번갈아본다. 삶의 문턱에 첫걸음을 내미는 아이의 천진한 기쁨과 삶의 끝자락에 다가가 있는 노인의 충일한 평화가 겹쳐 즐겁고 따뜻한 기운을 땅 위에 뿌리고 있다.

노인과 아이, 그들은 진짜 수염과 가짜 수염을 얼굴에 달고 풀밭 위를 걸어간다. 노 수사님의 큰 음성과 아이의 작은 소리가 어우러져 옥수수 밭 속으로 사라진다. 이윽고 우수수 바람 한 자락이 지나가고 그들이 옥수수 밭에서 나왔다. 두 사람의 얼굴에는 더 많은 옥수수수염이 덮여 있다. 노 수사님의 깊고 푸른 눈이 옥수수수염 속에서 빛나고 있다.

찔레꽃과의 거리

찔레꽃 가시에 찔렸다. 향기에 취하여 꽃 덤불을 한 번 껴안아보았을 뿐인데 팔목과 손가락이 가시에 찔려 상처가 났다. 박힌 가시를 뽑아내고 약을 발랐다. 손가락에는 붕대를 감았다. 찔레꽃에 대한 나의 애정이 거부당한 것 같아 마음이 상했다. 길을 걸어갈 때면 흰 붕대가 감긴 손가락을 치켜들고 다녔다. 사람들이 다친 이유를 물었다. "찔레꽃이 가시로 찔렀어요." 하며 찔레꽃에 대한 미움을 거침없이 표현하였다.

마당에는 찔레뿐 아니고 장미 몇 그루도 있다. 흰 들찔레는 육년 전 가야산 북벽을 보러갔다가 산비탈에서 캐어왔다. 북벽의 짙은 그늘, 인적이 없는 산속, 그런 적막 속에서 만난 흰 찔레꽃은 눈부시고 향기로웠다. 나를 따라 온 찔레꽃을 동쪽 담 밑에 심었다. 우리 집의 자랑이 되었다.

오월이 되면 찔레꽃과 장미꽃이 다투어 핀다. 하지만 나는 찔레꽃 곁으로 먼저 간다. 구름떼처럼 너울거리며 뿜어대는 꽃의 향기, 희고 얇은 꽃 판의 하늘거림, 바람 따라 흩어지는 꽃잎의 흩날림, 눈발처럼 땅에 깔리는 흰 꽃의 순결함, 그런 애잔함이 나를 유인한다. 가야산 북벽의 서늘함, 그 적요도 생각난다.

일요일 아침, 손자 손녀들이 집에 왔다. 대문을 들어선 아이들은 "할머니." 하고 한 번 불러보고는 찔레꽃 곁으로 바로 달려간다. 나도 달려갔다. 내가 아이들 뒤를 급히 따라 간 것은 아이들에게 어떤 말을 일러주기 위해서였다.

"찔레꽃 곁에 가까이 가지 마라." "찔레꽃과 거리를 두어라." "만지지도 말고 껴안지도 말아라. 가시가 찌른다." 하며 큰소리로 말을 하였다. 붕대가 감긴 손가락을 흔들어 보였다. 걸음을 멈춘 아이들은 찔레꽃 한 번 쳐다보고 나의 손가락 한 번 쳐다보더니 방향을 바꾸어 장미꽃 곁으로 갔다. 나는 좀 더 크게 또 소리를 질렀다. "꽃이 예쁘다고 절대로 손으로 만지지 말아라." "장미 가시에 찔리면 무서운 병에 걸린다." 이런 말을 하였다. 아이들에게 찔레꽃과 장미를 위험한 존재로 인식시키기에 바빴다.

아이들이 돌아갔다. 아이들은 필시 무서운 찔레꽃, 무서운 장미꽃 하며 적의를 품고 갔을 것이다. 아이들에게 들려주었던 말들, 나는 왜 그런 말을 하였을까. 예쁜 꽃과 아이들과의 관계를 이간질하였을까.

'알프스의 크나큰 바람소리, 그는 죽었다. 아름다운 장미가시에 찔려서, 시인은 다른 아무것으로도 죽지 않는 것.' 라이너 마리아 릴케의 죽음을 두고 들었던 이 말은 언제나 나를 따라 다녔다. 때로는 감미롭게, 때로는 두렵게. '사랑이 그대에게 어떻게 왔던가, 햇살처럼 왔던가, 기도처럼 왔던가.' 혹은 '우리에게 무슨 일이 좀 일어나게 하옵소서. 우리는 높이 오르고 싶습니다. 빛과 같이, 노래와 같이' 이런 릴케의 시를 읽으며 내가 넘어온 스무 살 고개, 병고도 죽음도 결코 알지 못했던 스무 살 고개, 그때 만난 시인의 삶은 참으로 고결하고 황홀하였다. '시와 사랑과 고독과 죽음까지도 완성한 릴케여' 이런 글을 겁도 없이 쓰며 그가 말년에 살았다는 멀고 먼 알프스를 그리워했었다. 이제 병고의 고통과 죽음의 슬픔을 가까이 보고 느끼고 있는 지금, 꽃의 아름다움보다 꽃의 독소가 나를 두렵게 한다.

찔레꽃 향기가 흩어지기 전에, 장미꽃 빛깔이 변하기 전에 다시 아이들을 부르고 싶다. 장미꽃 곁에 앉아 알프스의 바람처럼 살다가 간 릴케의 생애를 이야기해 주고 싶다. 아름다운 꽃을 지키고 있는 날카로운 가시의 역할에 대하여서도 말해주고 싶다. 그의 죽음의 참 원인은 이미 갖고 있던 지병 때문이며 저항력의 약화로 파상풍에 걸렸으며 그것이 죽음의 원인이라고 말해주고 싶다. 결코 장미꽃 탓이 아님을 밝혀주고 싶다.

그리고 한없이 나이를 먹은 몇 년 전 '이제는 가을입니다. 지나간 여름은 참으로 위대했습니다.' 이런 릴케의 시를 생각하며 그가 생애를 마감한 알프스의 산록을 내가 지나왔음을. '오, 장미여! 순수한 모순이여' 이런 글이 새겨져 있다는 그의 묘비명을 이야기하며 순수와 모순을 함께 감당해야 하는 인간의 삶, 그 감미로운 갈등도 이야기해주고 싶다.

끝으로 찔레꽃과 장미꽃, 그 아름다움 곁으로 환호하며 달려가던 아이들에게 꽃과의 거리를 주장하며 고함을 질러댔던 나의 경솔함도 용서받고 싶다.

파묻히다

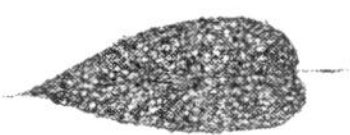

구름, 햇볕, 바람이 종적을 감추었다. 보이는 것은 천지간에 내려앉는 흰 눈, 눈발이 거세어진다. 의자를 당겨놓는다. 오늘 나는 창가에 앉아 끊임없이 내리는 눈의 세력들을 지켜볼 작정이다. 땅 위의 형상들이 눈 속으로 파묻혀가는 순서들을 바라 볼 작정이다. 먼저 앞산이 파묻혔다. 앞집의 지붕도 파묻혔다. 사람의 소리도 파묻혔다. 눈 속에 묻힌 산과 집과 사람들, 적막 속으로 들어가고 있다. 아득하다. 아득함의 느낌, 그 기억 몇 개가 떠오른다.

초등학교 시절의 겨울, 친구 집에 갔었다. 부엌에서 불을 때고 있던 친구의 어머니가 우리를 부엌 안으로 불러 들였다. 청솔가지가 소리를 내며 타고 있었다. "불내가 난다." 하시며 부엌문을 여셨다. 밖에는 눈이 오고 있었다.

"눈이 하염없이 내리고 있네, 아득하게 오고 있네." 하시었다. 불을 때는 틈틈이 흰 눈에 파묻혀가는 먼 산을 보고 계셨다. 그날 내가 최초로 맡아본 불의 냄새, 최초로 바라본 아득한 눈 내림. "아, 불에도 냄새가 있구나. 어른들은 하염없이 내리는 눈을 보고 아득하다고 하는구나." 하였다. 아득하다는 표현에는 슬픔이 배여 있었다.

눈을 맞으며 돌아왔다. 발이 눈 속에 파묻혔다. 길 위에 혼자 남겨진 발자국, 슬픔 같은 것이 솟아올랐다. 지금 생각해보니 그날의 슬픔은 푸른 청솔가지가 불타고 있는 아픔 같은 것, 눈 속을 혼자 걸어가는 외로움 같은 것 때문이 아니고 눈 속에 파묻히고 있는 것들의 아득한 느낌 때문이었던 것 같다.

사십 대 초반, 타국에서의 겨울, 크리스마스 축제를 어떤 수도원에서 보냈다. 천이백 년의 역사를 가진 수도원은 언덕 위에 있었고 창문을 열면 마을과 들판이 내려다보였다. 눈이 왔다. 밤낮 없이 내렸다. 수도원의 종소리와 수도승이 바치는 성무일도의 기도소리만 긴 복도를 오고갈 뿐 세상의 어떤 소리도 들려오지 않았다.

수도원의 창변에 서서 눈 속에 파묻히는 형상들을 바라보곤 하였다. 서양과 동양으로 나누어져 있는 나와 아이들, 우리 사이에 가로놓인 땅과 바다, 멀고 먼 시공(時空), 이런 것을 시도 때도 없이 생각하였다.

크리스마스의 자정 미사를 지내고 방으로 돌아왔다. 이내 새벽이 왔고 또 아침이 되었다. 계속 눈이 내리고 있었다. 수도원의 지붕과 두터운 석벽 위에 쌓이는 눈, 겨울나무의 흔들림에 부딪혀 흩날리는 눈, 천지가 아득하였다.

수도원 광장에 사람이 보였다. 수도승이었다. 눈 속을 걸어가고 있었다, 그의 몸 위로 눈이 쌓이고 있었다. 깊은 눈이 내리는 날, 아름다운 크리스마스 날, 왜 그는 눈 속을 뚫고 수도원 밖으로 나갔는지, 수도원의 둔중한 문이 왜 뒤에서 소리 없이 닫혀버렸는지 알 수가 없지만 지금도 눈 내리는 풍경만 보면 수도승이 남겨놓은 발자국과 그가 손에 들고 가던 큰 가방이 생각난다. 아득한 세월 너머에 있는 아득한 기억 두 개이다.

오후 다섯 시, 아직도 눈이 내린다. 마당에 있는 것들이 눈에 파묻힌다. 어떤 것은 반쯤, 어떤 것은 완전하게 파묻히고 만다. 작은 바위도 파묻혀간다. 우리는 그 바위를 납작 바위라고 부른다. 높이가 15센티가 채 되지 않는 것으로 방석 두 개 정도의 넓이이다. 본래 현관의 층계 옆에 있던 것을 남편과 내가 굴리고 밀고하며 지금의 자리로 옮겨갔다. 옮긴 이유는 은목서 가까이, 땅 가까이 하는 기분 때문이었다. 땅에 붙어있는 납작 바위에 앉으면 우리가 땅과 매우 밀착된 것 같은 느낌을 받는다.

두 사람이 나란히 앉을 수 있는 이 바위를 좋아하는 이유가 또 있다. 그 위에 앉으면 작은 생명들을 자세히 볼 수 있다. 앉은뱅이 꽃, 오랑캐 꽃, 뱀 딸기, 같은 것이 보인다. 양재기 크기만 한 양지꽃 덤불도 있다. "작은 꽃이 어찌 이렇게 예쁠까." "작은 것이 어찌 이렇게 좋은 냄새를 피울까." 하며 감탄한다. "저 사람이 어찌 저리 지위가 높을까. 어찌 저리 말을 잘 할까." 하던 젊은 날의 감탄 대신 땅에 붙어있는 작은 것들에게 더 많이 말을 한다.

납작 바위에 앉으면 집이 한눈에 들어오고 큰아들이 거처했던 방, 작은아들이 거처했던 방이 보인다. 소년이 되고 청년이 되고 마침내 우리 곁을 떠나고, 이런 성장의 순서가 눈에 밟힌다. 아래층에 있던 딸아이의 방이 지금의 나의 거처이다. 작은 방이다. 아직도 나는 딸아이의 냄새를 그 방에서 맡고 있다. 남편의 서재도 보인다. 깊은 밤까지 불이 켜져 있던 방, 불이 꺼지지 않던 방, 그가 성취한 학문의 세계, 보람과 고뇌가 올려다 보인다.

드디어 납작 바위마저 눈 속에 완전히 파묻혔다. 흰 명주 이불을 덮고 있는 것 같다. 이불 같은 눈 속에서 바위는 지금 안식을 누리고 있을까. 밤이 되었다. 죽음 같은 어둠이 마당을 덮고 있다. 마당을 내다보고 있던 남편이 말하였다. "삼일이 지나면 바위는 다시 나타날 것이다. 그때쯤이면 햇볕도 나오고 추위도 사라지고 눈도 녹을 것이다." 하였다.

삼일 간의 길이, 문득 삼일 만에 부활하신 예수님 이야기가 생각났다. 나는 창문에 붙어 서서 봉분 같기도 한 납작 바위의 둥근 모습을 오래 바라보았다.

낯선 곳으로의 떠남

책을 받았다. 우편배달부가 "먼데서 왔군요." 하며 건네주었다. 전라도에 있는 어떤 분이 보내준 산문집이다. 며칠 동안 책 속에 묻혀 살았다. 무등산 이야기, 영산강 이야기, 서해 이야기가 많았다. 갯벌 이야기도 있었다.

나도 출간한 책을 그분에게 보내드렸다. 봉투에 스탬프를 찍고 있던 우체국 처녀가 "멀리까지 가는군요." 하였다. 헌사가 적힌 책을 서로 교환하고 작가의 정신을 만나고, 이런 것이 책을 엮는 보람인 것 같았다. 전라도와 경상도는 먼 거리가 아니다. 의식 속에서 그렇게 느낄 따름이다. 여행을 자주 한다. 낯선 곳에서 만났던 경험들을 글로 표현하기를 좋아한다.

「여름, 그 밤의 근원」이라는 산문을 쓴 적이 있다. 전라도 여인이 대바구니, 문발, 대자리 등 담양의 죽세품을 팔러 집에 왔었다. 옆에 있던 사람이 요사이는 대나무 물건보다는 플라스틱으로 만든 것이 더 매끈하다고 말했다. 여자가 벌컥 화를 내었다. 근본도 모르는 그런 것들을 어찌 대나무 제품에 비교하느냐고 따지고 들었다.

그날 밤, 백자 사발에 냉수 한 그릇 떠놓고 새로 장만한 대자리 위에 앉았다. 밤하늘에는 둥근 달이 지나가고 있었다. 달빛 때문에 대나무의 마디마디가 드러나 보였다. 짙은 왕겨 냄새를 풍기며 근원을 따지고 들던 남도 여자, 그 촌부의 정신과 담양의 청청한 대밭이 생각났다. 내 고향 남강 가에서 일렁이고 있는 넓은 대숲도 떠올랐다.

서해 바다의 이야기를 처음 들은 것은 젊은 시절, 동해의 바닷가에서였다. 일출을 표현하고 있는 나의 그림을 보고 어떤 노인이 서해의 일몰 같다고 하였다. 그때는 서툰 그림 솜씨만 부끄러워했을 뿐 낙조의 기분에 다가가 있는 노인의 마음을 이해하지 못하였다. 「먼 바다」라는 수필 한 편을 쓴 후, 서해로 가는 길을 모색하였다. 한참 동안 뜸을 들이며 때를 기다렸다. 길을 떠났다. 전라도 땅을 가로질러 변산반도로 갔다. 그리고 찬란한 낙조를 보았다. 동해 바닷가에서 서해의 낙조를 그리워하던 노인의 기분을 알 것 같았다.

한 번 길이 트이자 먼 곳으로의 여행은 어렵지 않았다. 지독한 안개 떼를 만난 곳도 서쪽 바닷가에서였다. 한치 앞을 볼 수 없었다. 서해의 작은 포구인 지도에서 배를 타고 임자도에 건너가려고 했던 계획이 무너졌다. 물귀신처럼 갑자기 나타난 안개 떼가 길을 막았던 것이다. 미세한 습기들이 한데 뭉쳐 덩어리가 되고 안개의 여린 세력 앞에서의 인간의 무력함, 그 한계가 느껴졌다.

지리산을 넘어 순천, 보성, 장흥까지 다녀온 적이 있다. 장흥 땅에 들어서자 강이 보였다. 탐진강이었다. 강 건너편에 솟아있는 아름다운 산들, 그러나 강을 건너는 방법도 시간도 없었다. 그 후, 오랫동안 탐진강을 생각하였다. 소녀 시절, 아버지가 들려주셨던 탐진강 이야기를 다시 떠올렸다. 아버지가 지리산을 넘어가서 만났다는 탐진강, 탐진강 이쪽에서 그만 발길을 돌리신 아버지의 마음을 생각하며 글 한 편을 썼다. 「탐진강까지」라는 수필이다.

전라도 땅에서 마지막으로 찾아 간 곳이 땅 끝 마을이다. 고흥반도, 완도를 거쳐 땅 끝까지 갔었다. 운림산방에도 갔다. 돌아오는 길, 봉분 앞에서 절을 하고 있는 사람들을 만났다. 모두 흰옷을 입고 있었다. 서럽게 울고 있는 여자도 있었다. 적막한 산 속, 수풀 사이로 어른거리던 흰옷의 사람들, 그때, 흰빛이 얼마나 처연한 슬픔의 빛깔인가를, 지고지순한 흰빛 앞에서 주황색 산나리꽃이며 진분홍빛 꽃패랭이가 얼마나 시끄러운 색채인가를 느꼈었다.

낯선 곳으로의 여행은 언제나 깊은 사유를 동반한다. 고흥반도의 먼 황토 길, 넓은 김제평야에서 불고 있던 들바람, 황해에서 흘러오는 머나먼 물, 그리고 낙조 등, 그 기억들은 오랫동안 의식 속에 내재되어 나를 기쁘게도 하고 허망하게도 한다. 오늘 먼 곳에서 온 책을 읽고 있으니 지난날의 경험들이 그리워진다. 낯선 곳, 낯선 길을 또 가보고 싶은 충동이 일어난다. 낯선 곳에서의 외로움, 그 감미로운 슬픔의 맛을 온몸에 묻히고 싶어진다.

내가 또 시도할 낯선 곳으로의 떠남, 그 여행길에서, 바다 깊이 함몰되어 가던 찬란한 낙조, 그 몸부림을 다시 볼 수 있을까. 남도 여자가 건네준 우리 집 대자리, 그 대나무의 근원을 만날 수 있을까. 알지 못하는 곳으로의 다가감, 그 설레임을 다시 붙들 수 있을까.

접시꽃과 장화

지난여름, 그 무덥고 뜨겁던 날, 접시꽃이 죽어버렸다. 내가 더위를 피하여 산과 그늘을 찾아다니고 있는 동안, 차가운 냉수를 벌컥벌컥 마셔대며 시원하게 살고 있는 동안, 접시꽃은 혼자 목이 말라 죽고 말았다.

접시꽃은 한 달 전에 우리 집으로 왔다. 그날 수몰을 앞둔 마을을 보러 갔었다. 텅 빈 동네를 어슬렁거렸다. 밀려올 물을 두려워하고 있는 듯 깊은 적막에 싸여있었다. 어쩌다 만나는 사람들도 무언가를 손에 들고 동네 밖으로 나가고 있었다. 작은 단지며 밥상이며 양은그릇 같은 손때가 묻은 살림살이와 함께 떠나고 있었다. 어떤 남자가 검은 장화를 들고 대문간에 서 있다. 화가 나 있는 듯 흙을 싣고 가는 덤프트럭이며 산을 무너뜨리고 있는 포클레인을 향해 삿대질을 하며 팔을 움직이고 있었다. 그때마다 손에 들고 있는 장화가 흔들리었다.

빈 집에서였다. 부서진 담장 사이로 꽃이 보였다. 접시꽃이었다. 텅 빈 집에 혼자 남겨진 꽃의 신세, 머지않아 물속으로 가라앉을 신세, 그런 자신의 운명도 모르고 웃고 있는 둥근 접시꽃, 가여웠다. 나는 접시꽃에게 말하였다. "함께 우리 집으로 가자."

나를 따라 온 접시꽃을 동쪽 담 밑에 심었다. 이미 자리를 잡고 있는 화초들에게 접시꽃을 소개하였다. "깊은 산골에서 왔단다. 오래된 신라의 고찰, 인각사 옆에서 왔단다. 어두운 물속에 파묻힐 신세였는데 내가 거두어 왔단다. 재수가 좋은 꽃이란다." 하며 생색을 내었다. 마당에는 피고 지는 꽃들로 가득하다. 우리 집에 합류한 접시꽃도 붉은 빛을 뿜어내며 자기의 사명을 다하고 있다. 태어난 고향을 잊어버린 듯 웃고만 있었다.

접시꽃을 볼 때마다 수몰지구의 산천이 생각났다. 텅 빈 동네의 적요와 적요 속에 남아있던 버려진 집과 좁은 골목들이 생각났다. 파괴의 소리를 들으며 슬픈 표정을 짓고 있던 남자와 그가 손에 들고 있던 검은 장화가 떠올랐다. 그는 필시 살림살이의 도구들을 챙겨 보내고 빈 집으로 다시 들어갔을 것이다. 방, 마루, 부엌을 둘러보는 그의 눈에 축담 밑에 엎디어 있는 장화가 뜨였을 것이다. 비 오는 날, 장화를 신고 첨벙거리며 들어서던 도랑물이며 질퍽이던 논두렁이 생각났을 것이다. 그는 축축한 날들의 기억을 보듬듯 검은 장화를 소중하게 들어 올렸을 것이다.

어쩌면 그는 밀려온 물이 온 땅을 휘덮을 그날, 검은 장화를 신고 고향을 삼키고 있는 원수 같은 물을 밟아보려고 했던 것이 아니었을까. 뚜벅뚜벅 발걸음 소리를 내며 서러운 물속으로 한 번 들어가 보려고 했던 것이 아닐까. 긴 장화를 신은 두 발을 물에 담그고 정든 산천이 물 밑으로 가라앉는 모습을 바라보려고 했던 것이 아닐까. 통곡 같은 울음을 물 위에 뿌려보려고 했던 것이 아니었을까.

나는 생각하였다. 봄이 오면 새로 돋아나는 접시꽃 한 포기를 갖고 가서 물에 잠기지 않고 남아있는 땅에 심어주자, 호숫가의 언덕에서 해마다 피고 지며 물속에 파묻힌 그리운 것들을 생각하게 하자. 물속에 수장된 것들이 뿜어내는 물을 마시게 하자, 이런 생각을 하였다. 그러나 지금 접시꽃은 죽고 없다. 차라리 접시꽃도 다른 것들과 함께 물속의 삶을 살게 할 것을, 후회가 된다.

빈 집에 혼자 남아 방긋방긋 웃고 있던 접시꽃의 의미, 어쩌면 그 웃음은 세상에서 영원히 모습을 감출 산과 들, 거기 살고 있던 존재들이 보여주는 마지막 인사가 아니었을까. 불가항력의 힘 앞에서 속수무책으로 밀려나야 하는 약한 것들의 순한 표현이 아니었을까.

접시꽃의 진분홍 빛깔이, 작은 접시를 닮은 둥근 모습이 눈앞으로 왔다 갔다 한다. 접시꽃의 목마른 생애가 마음을 아프게 한다. 접시꽃의 주인처럼 행세했던 오만이 나를 부끄럽게 한다. 검은 장화를 들고 산천을 보고 있던 남자의 모습이 나를 슬프게 한다. 마지막 사명을 다하며 꽃을 피우고 있던 비오동나무의 보랏빛 꽃이며 밭두렁 위에 무리지어 있던 흰 싸리꽃, 신작로 비탈에서 향기를 뿜어대던 들 찔레 덤불이 눈에 어른거린다. 그 빛, 그 향기는 이제 세상에 없다.

접시꽃이 살고 있었던 동쪽 담 밑은 오래 비워 두어야 할 것 같다. 이유는 물속에 파묻힌 산천의 이야기, 그 땅에서 이루어졌던 사람들의 이야기, 마침내 그것들을 수장시켜 버린 비정한 물의 이야기는 죽어버린 접시꽃 외에는 어떤 꽃도 증명해 보일 수 없기 때문이다.

콩을 줍다

콩 반 되를 땅에 쏟았다. 햇볕에 건조시킨 콩을 집안으로 갖고 들어 올 때였다. 망초 한 포기가 눈에 뜨였다. 제멋대로 솟아올라 건들거리고 있는 모습이 건방져 보였다. 오른손으로 뽑았다. 얼마나 힘을 주었는지 몸이 기우뚱했다. 순간 왼손에 들고 있던 콩이 쏟아졌다. 사방으로 흩어진 콩알들은 순식간에 잔디 사이로 파묻혀 버린다. 나는 풀밭에 쭈그리고 앉아 숨어있는 콩을 찾아내기 위해 땅으로 고개를 계속 숙였다.

지난해 가을, 산골 장터에 갔을 때였다. 어떤 촌로가 몇 가지 곡식을 팔고 있었다. 콩 두 되를 샀다. 자루에 붙어있는 낟알을 털어주던 노인이 "내가 마지막으로 농사를 지은 곡식들이요." 하였다. 마지막이라는 말이 마음에 걸려 그의 안색을 살펴보았다. 병색도 없거니와 몸도 튼튼해 보였다. 죽을병에 걸린 것 같지는 않았다. 마지막이라는 말뜻을 물었다.

“아, 머지않아 집과 땅이 물속으로 가라앉아요.” 했다. 옆에 있던 능금 장수도 “농토가 물속에 파묻히는데 어찌 농사를 지을 수 있겠소.” 하였다. 그러고 보니 인각사 근방이 댐 건설로 수몰된다는 소문을 들었다. 노인의 곡식들을 모두 샀다. 찹쌀도 사고 수수도 사고 들깨도 샀다. 몽땅 떨이를 한 셈이다. 곡식 값을 건네주었다. 노인은 돈을 손에 쥔 채 헤아려보지 않았다. 문득 한 움큼의 종이돈이 그가 지은 농산물에 비해 얼마나 빈약한 대가인가를, 농사짓는 노고에 비해 얼마나 가벼운 무게인가를 느꼈다. 노인은 마지막 곡식들과 맞바꾼 종이돈만 손에 들고 장터를 빠져나갔다.

돌아오는 길, 마을 앞을 지나오게 되었다. 수몰지역에 포함된 곳인 듯 빈집이 많이 있었다, 아직 사람의 소리가 남아있는 학교도 보이고 정미소도 보였다. 동네 앞 도랑물에서 그릇의 때를 씻고 있는 여자를 만났다. 대문을 활짝 열어놓은 건물이 여자의 집인 듯 방금 넌 빨래가 바지랑대에 걸려 있다. 눈부신 흰 빨래와 양은그릇의 반짝임,

담 위로 솟은 나무들의 윤기와 가을꽃의 빛깔 등, 어느 것에서도 어두운 물속으로 파묻히게 될 슬픈 운명은 느껴지지 않았다.

여자에게 물었다. 언제까지 여기에서 살 것이냐고 했다. "물이 들어 올 때까지." 하고 짤막하게 대답을 하였다. 그리고 계속 힘을 주며 그릇의 때를 빡빡 닦아낸다. 여자의 힘 때문에 부딪힌 그릇들이 아픈 소리를 내고 있었다. 장터에서 들었던 '물속에 가라앉는다.' '물속에 파묻힌다.' 고 하던 물에 대한 이야기를 또 듣게 되었다. '물이 들어 올 때까지'라고 한 여자의 말과 힘 속에는 불가항력의 세력 앞에 버티고 있는 오기가 포함되어 있었다.

물속에 가라앉을 집과 토지, 물속에 파묻힐 마을과 들. 물속에 수장되는 것이 어찌 이런 것들뿐이겠는가. 태어나고 살고 죽고 한 사건들과 그 기쁨과 아픔의 역사도, 그곳에서 맞이했던 사계의 아름다움과 먼 산 위에 떠 있던 해, 달, 별의 빛남도, 쐬쐬 불어대던 들바람 소리며 토담 밑에 솟아오르던 봄풀의 다정한 모습도 모두 물속으로 파묻히고 말 것이다. 농사를 짓는 힘, 그 경영의 지혜며 살림살이의 솜씨들도 수장되고 말 것이다.

마침내 물이 들어오는 날, 살아있는 초목들과 작은 동

물이며 곤충들의 목숨도 파괴될 것이다. 밀려온 물은 온 땅을 휘덮고 그 세력들은 멀리까지 뻗어갈 것이다. 모든 것을 함몰시킨 물은 어둠 속에 파묻혀 버린 안타까운 운명들을 모른 체 하며 아무 일도 일어나지 않았던 것처럼 시치미를 뗄 것이다. 그리고 침묵할 것이다.

나는 그곳에서 사온 곡식들을 아껴 먹으며 수몰지역의 이야기를 사람들에게 하였다. 콩고물을 빻기 위해 방앗간에 갔을 때도, 수수로 떡을 만들어 나누어 먹을 때도 말을 하였다. 어떤 이는 '끌끌' 혀를 차기도 하고 어떤 사람은 이 세상에서 영원히 모습을 감출 아름다운 산천을 만나러 가자고 하였다.

오늘 나는 마지막 남아있던 콩 반 되를, 다글다글하게 건조되어 보석같이 예쁜 콩알들을 땅에 쏟고 말았다. 숨어있는 콩을 찾고 있다. 갑자기 내가 뽑아 던진 망초가 눈에 띄었다. 힘없이 누워 있는 모습을 보니 가련한 마음이 들었다. 다시 땅에 심었다. 미안하여 자꾸자꾸 물을 주었다. 살아날 것 같았다.

문득 내가 찾아내지 못한 콩들도 망초처럼 우리 집 땅 속에 다시 뿌리를 내렸으면, 푸른 콩잎 피워 올려 너울너울 건들거렸으면, 열매 맺고 번성하여 사방팔방으로 생명을 퍼트렸으면, 하는 마음이 든다. 마지막 농사를 지었던 노인의 아픈 마음을, 물속에 가라앉은 토지들의 보배로움을 증명해 주었으면 하는 마음이 든다.

땅에서 일어섰다. 잔디 사이로 질경이, 머슴둘레, 앉은뱅이 같은 풀이 눈에 뜨인다. 그 속에 함께 있을 콩알들, 나는 "꼭꼭 숨어라." 하고 풀밭에서 떠났다. 주워 담은 콩을 들고 집안으로 들어왔다. 귀한 콩을 보관할 자리를 찾아 찬장 문을 열었다 닫았다 하였다. 때가 낀 우리 집 냄비를 보니 반짝반짝 빛을 내며 양은그릇을 닦고 있던 산골 여인의 살림 솜씨가, 슬픈 오기로 차 있던 얼굴이 한 번 떠올랐다.

2

나비의 말

감자를 먹으며

감자 여섯 개를 삶았다. 여섯 개의 감자는 뜨거운 불 위에서 익어가고 나는 감자의 맛을 생각하며 창가에 앉아 있다. 왜 갑자기 감자가 먹고 싶었던 것일까. 아침부터 비가 내렸다. 빈집에 혼자 있다. 처음에는 고요함이 참 좋았다. 책을 읽다가 창밖을 내다보다가 하며 지냈다. 차츰 따분한 느낌이 들었다. 특히 다물고 있는 입이 심심하였다. 누군가와 말을 하고 싶기도 하고 입을 움직이며 무언가를 먹고 싶기도 하였다.

맛있는 음식을 상상해 보았다. 흰밥과 고기반찬, 새콤달콤한 미역무침, 아니면 찬물에 말은 물밥과 새로 담근 게장, 그러나 마음이 내키지 않았다. 기름진 고기며 자극적인 초고추장과 게장의 짠맛 등이 왠지 싫었다. 부드럽고

담백한 맛, 그런 것이 먹고 싶었다.

온 천지에 내려앉는 물기와 빗소리에 젖어있는 쓸쓸한 기분, 이런 분위기에 맞는 음식은 따뜻한 것이 제격일 것 같았다. 음식을 함께 먹으며 도란도란 이야기를 나눌 친구도 그리웠다. 음식 맛이 있다느니 없다느니, 간이 싱겁다느니 짜다느니 하며 음식 타박을 해대는 그런 사람이 아니고 빗줄기에 온몸을 맡기고 있는 나무들처럼 그런 순한 사람과 있고 싶었다.

대화를 나누다가 비 내리는 창밖을 함께 내다보기도 하고 나무 밑에 숨어 있는 도둑고양이를 보고 "어머" 하고 소리를 지르다가 또 입을 다물고, 서로 침묵을 지키고 있어도 신경이 쓰이지 않는 사람, 그런 편한 사람이 그리웠다.

골목에서 장사꾼 소리가 들려왔다. "고구마 사이소, 감자 사이소." 하는 소리였다. 밖으로 나갔다. 리어카 위에는 고구마와 감자뿐 아니고 붉은 복숭아며 익은 포도도 있었다. 장사꾼 남자가 "무덤덤한 감자보다는 단맛이 많은 고구마가 더 좋을 것이요." 하며 고구마를 권하였다. 그러나 나는 무덤덤한 맛이라고 하는 감자 한 바구니를 샀다. 너무 잘 익어 농염한 과일들은 사지 않았다.

감자 여섯 개를 씻었다. 흙이 묻어 있는 껍질 속에서

나온 감자의 속살은 희고 깨끗하였다. 여섯 개의 감자, 나는 여섯 개의 숫자를 생각하며 혼자 웃었다. 옛 기억 하나가 떠올랐기 때문이다. 어린 시절, 우리 집 식구는 여섯이었다. 부모님과 동생들, 그래서 참외를 깎을 때도, 복숭아를 씻을 때도 항상 여섯 개가 기준이었다. 그때를 떠올리며 뜨거운 감자를 입으로 불어가며 먹었다. 단맛도 짠맛도 없는 맛이었다. 그러나 싫증이 나지 않았다.

어떤 친구의 얼굴이 떠올랐다. 넘치는 정도 희로애락을 담은 얼굴 표정도, 감칠맛 나는 말솜씨도 없이 그저 덤덤하기만 하던 친구, 개성이 없는 그의 행동이 답답할 때가 있었지만 그와 함께 있으면 항시 마음이 푸근하였다. 그가 씩하고 웃으면 나도 따라 웃음이 나왔고 "이 꽃 예쁘지." 하고 물으면 "그래, 그래." "하늘이 참 파랗네." 하면 "그렇군." 하고 하늘을 올려다보고 맞장구를 쳐주던 친구, 검은 무명 치마에 마른 풀잎을 자주 묻혀 있던 친구, 갑자기 그의 둥근 얼굴이 생각났다. 곁에 있으면 넓은 대청마루 위에 앉아 있는 것처럼 편안한 느낌을 주던 친구, 그가 보고 싶었다. 그는 지금 어디 있을까.

내가 무언가를 붙들기 위해 안달을 부리며 세상을 살아오는 동안, 개성이니 재능이니 하며 세상을 편협하게 살고 있는 동안, 그는 타작마당 위의 넓은 멍석과도 같은 자리를 만들며 살아가고 있었을까. 무감동, 무개성의 참뜻을 실천하듯 모든 것을 내어 주고 또 모든 것을 포용하는 그런 존재가 되어 있을까. 감자 세 개를 먹었다. 혼자 먹은 감자의 맛과 옛 친구의 기억이 나를 행복하게 해준다. 어느새 비는 그치고 산정에 뭉쳐있던 안개 떼가 흩어진다. 흩어지는 안개 사이로 앞산이 모습을 드러낸다.

구름이 몰려오면 구름 속에 숨어 있고 안개 떼가 희롱을 하면 그대로 모든 것을 맡기고, 비바람이 불어 닥치면 거친 세력 앞에 온몸이 젖어버리는, 그러나 언제나 제자리를 지키며 말이 없는 산, 아무런 변덕이 없는 산의 모습은 나의 옛 친구와 닮아있다. 감자의 담담한 맛과 닮아있다. 그런 앞산의 모습을 나도 닮고 싶다.

강물의 끝

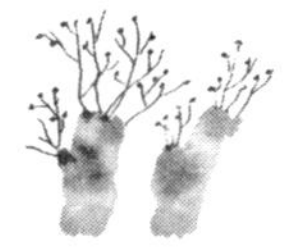

산모퉁이를 돌아가자 저만치 강이 보였다. 넓은 모래사장과 느린 물살. 유유하고 장엄하다. 낙동강이다. '흐른 듯 담겨 있는 기나긴 강물.' 학창 시절에 불렀던 낙동강 노래가 기억났다. '낙동강 칠 백리 달은 밝은데, 이 내 두고 가시는 길이 어이 밝으랴.' 하는 노래도 떠올랐다. 이런 노래를 흥얼거리며 낙동강 둑길을 걸어갔던 젊은 날도 생각났다. 문득 낙동강을 따라가 보자 하는 생각이 들었다. 행로를 변경하여 강을 따라갔다. 앞서거니 뒤서거니 하며 가기도 하고, 멀어졌다가 가까워졌다가 하며 함께 갔다.

낙동강의 시작과 끝을 생각한다. 강원도 함백산에서 발원한 물은 흐르고 흘러 남해까지 간다고 했다. 최초에는 작은 개울을 만들고 차츰 수량이 풍부해지고 드디어 깊고 넓은 긴 강이 되었다. 강 이쪽과 저쪽을 갈라놓기도 하고 먼 곳에서 오는 다른 물을 흡수하기도 하며 칠 백리 머나먼 길을 달려간다. 낙동강에 합류한 다른 물속에는 고향의 남강도 포함되어 있다.

어린 시절, 남강 가에 서면 할아버지에게 자주 질문을 하였다. "남강은 흘러 어디로 가나요?" "낙동강까지 간다." 나는 또 "낙동강은 흘러흘러 어디까지 가나요?" 하고 물었다. 할아버지는 나의 말을 흉내 내시듯 "흘러흘러 바다까지 간다." 하시었다. 강물이 흘러가 도달하는 바다. 아득한 느낌이 들었다. 나는 다시 여쭈었다. "강물이 바다에 닿으면 어떻게 되나요?" "강의 사명을 다한 강물은 흔적도 없이 사라지지. 바다에 흡수되어 죽어 버리지." 하시었다.

지금도 나는 남강의 긴 둑길과 할아버지가 입으셨던 두루마기의 흰 빛을 기억하고 있다. 우리 앞을 흘러가던 남강의 푸른 물살과 강 건너 대숲 위로 날아오르던 갈까마귀 떼의 몸짓을 기억하고 있다. 그날, 강물의 사명, 강물의 죽어 버림, 이런 말을 들으며 무언가 비감한 생각이 들기도 하고 점점 노쇠해지는 할아버지의 모습이 끝을 향해 가고 있는 남강과 닮아 있음을 느끼기도 하였다.

오늘 나는 낙동강을 따라가며 금빛으로 흔들리고 있는

강물의 멋도 보고 우아한 곡선을 그리며 너울너울 굽이치는 강물의 풍류도 보고 온갖 것을 합류시키며 함께 동행하는 강물의 아량도 보고 낮은 곳으로 내려앉는 강물의 겸손도 본다.

드디어 낙동강 하구까지 왔다. 흐름을 멈춘 낙동강은 하구의 둑 안에 갇힌다. 갇힌 물은 호수처럼 잔잔하고 호수처럼 아름답다. 바다로 나갈 채비를 하고 있는 강물은 숙연한 모습으로 가만히 있다. 강물과 반대편에 있는 바다가 보인다. 그 세력이 거칠고 도도하다.

강물이 바다로 들어간다. 강과 바다의 경계가 모호해진다. 강물과 바다가 한 몸이 된다. 바다가 강물을 삼켜 버린다. 강물이 소멸된다. 강의 생애가 끝이 난다. 그 일이 순식간에 이루어진다. 바다는 아무 짓도 하지 않은 것처럼 시치미를 떼며 음울하게 침묵을 지키고 있다.

바다를 외면하고 강물 쪽으로 돌아섰다. 낙동강의 영광과 아픔을 생각한다. 칠백 리 먼 길을 굽이굽이 흘러오며 누렸던 낙동강의 영광은 무엇이었을까. 강을 둘러싸고 연출되던 사계(四季)의 아름다움이었을까. 어떤 침략에도 파괴되지 않았던 낙동강의 정신, 그 유구한 역사였을까. 낙동강에 대한 찬양 속에는 우리의 혈맥을 형성시킨 강의 수질도 포함되어 있다.

낙동강의 수난을 떠올린다. 강을 중심으로 벌어졌던 치열한 전투와 전쟁터에서 산화(散華)한 꽃다운 목숨들, 젊은 청년들의 영혼은 낙동강 물가에서 바람이 되어 유장한 강물과 함께 흘러갔을 것이다.

강바람이 인다. 매우 거세다. 강둑의 풀들이 일어선다. 강에서 솟아오른 물새의 날갯짓도 분주하다. 모든 소요가 강을 중심으로 이루어진다. 소멸을 앞둔 강의 몸부림인가, 소멸의 과정을 속수무책으로 받아들여야 하는 낙동강의 마지막 저항인가. 나는 강물의 안타까운 표현들을 향해 쓸쓸한 박수를 보내었다.

강을 떠났다. 떠나기 전 강물에게 말하였다. "참 홀가분하겠다." 생애의 기나긴 무게를 내려놓은 강물의 끝을 향하여 나는 이런 말을 하였다.

오후의 늦은 햇살이 내린다. 땅 위에도 강물 위에도 바다 위에도 내려앉는다. 그런데 땅보다 바다보다 강물 위에 더 많은 햇살이 몰려 있다. 찬란하게 빛을 내고 있다.

개미와 놀다

개미 두 마리가 집안에서 기어 다니고 있다. 한 마리는 현관 입구에 있는 개구멍 반다지를 올라가고 또 한 마리는 마루 위에 던져져 있는 신문지 사이를 들락날락 하고 있다. 꼭꼭 닫힌 문을 비집고 어떻게 들어왔을까.

오늘 아침, 대문간에 떨어져 있던 조간신문을 집안으로 들고 왔다. 그때 신문지에 끼여 있던 개미가 따라 들어온 것이 분명하다. 그러고 보니 내가 데리고 온 셈이다. 개미들은 끊임없이 움직이고 있다. 밖으로 나갈 출구를 찾는 것 같기도 하고 먹이를 찾아 헤매는 것 같기도 하다. 목표도, 방향도 없이 이리저리 움직이고 있는 개미 두 마리, 문득 그것들의 짓거리에 호기심이 생겼다.

개구멍 반다지를 올라가고 있던 개미가 보이지 않는다.

아래로 떨어져 버린 것일까. 바닥에도 흔적이 없다. 반다지의 높이는 일 미터가 넘는다. 자세히 보니 어느새 개미는 꼭대기까지 올라가 있다. 반다지의 외짝 문을 통과하느라고 개미가 무쇠 장석에 붙어 있다. 검은색 거머리 장석이 개미와 비슷하여 눈에 뜨이지 않았던 것이다. 천방지축으로 올라가고 있는 개미를 마룻바닥에 내려놓았다. 높은 곳에서 떨어지면 죽어버릴지도 모르기 때문이다.

신문지를 펼치고 두 마리의 개미를 올려놓았다. 나는 기어가는 개미 앞에 과일 껍질 등 음식물을 놓기도 하고 두꺼운 책으로 개미의 진로를 방해하기도 하였다. 개미들은 달콤한 음식 곁에 잠시 붙어있더니 이내 제 몸의 몇십 배나 되는 장애물을 넘으며 방향을 바꾸어 돌아다니고 있다.

전화벨이 울렸다. 딸아이였다. "엄마, 뭐해요." 하고 물었다. "개미와 논다." 나는 불쑥 이렇게 대답을 하였다. 처음에는 말귀를 못 알아들은 듯 가만히 있더니 "엄마가 많이 쓸쓸한가 봐." 하며 슬픈 목소리를 내었다. 그렇다. 나는 지금 매우 심심하고 외롭다. 닫힌 집안에 혼자 있다. 처음 놓여진 그대로 자리만 지키고 있는 가구들이며 벽에 걸린 그림 뿐, 움직이고 있는 것은 아무것도 없다. 개미

두 마리 밖에 없다. '개미와 놀고 있다.' 했던 내 말이 맞는 것 같기도 하다.

신문지 위의 글자가 눈에 뜨인다. 굵직한 정치 기사들이며 머리에 띠를 두르고 무언가를 주장하고 있는 사람들의 사진이 보였다. 신문 기사를 읽었다. 먼저 몇 백억 원의 돈을 받았다느니 받지 않았다느니 하는 글을 읽었다. 우리의 계산으로는 가늠조차 할 수 없는 돈의 액수들, 만약 그 돈을 쌓아 올린다면 얼마만한 높이가 될까. 개구멍 반다지를 올라가던 개미도 따라 오를 수 있을까. 부정한 돈더미의 끝을 향해 죽을힘을 다해 올라가다가 어지럼증 때문에 그만 아래로 떨어져 버리지는 않을까. 이런 생각이 들었다.

신문지 위에서 움직이고 있는 개미들을 보고 있으니 재미있는 현상이 또 눈에 들어온다. 인쇄되어 있는 검은 글자에 개미의 검은 몸이 붙어 있으면 글자의 획수가 바뀌어지면서 글의 의미도 확 달라진다. 가령 '비자금'이라는 글에 개미가 기어가면 비자금 대신 '비차금'이라는 뜻 모를 글이 되었고 돈의 액수 위에 붙어 있으면 돈의 숫자가 한없이 불어나기도 한다.

작은 개미 두 마리가 서슬이 퍼런 신문 기사 위를 왔다

갔다 하며 글의 모양을 변형시키고 글의 의미를 바꾸어 사람을 혼란시킨다. 가슴이 답답해진다. 엄청난 돈의 액수에 기가 죽어 버리기도 하거니와 버선목처럼 뒤집어 볼 수 없는 어둠의 세계, 그 거짓들이 머리를 아프게 한다.

마침내 신문지 위의 개미들을 마당으로 데리고 나갔다. 나는 "잘 살아라." 하며 개미들을 땅 위에 내려놓았다. 이 말을 하면서 잘 살지 못하는 행위 때문에 세상을 시끄럽게 하는 신문 기사의 주인공들을 생각한다.

하늘에는 때가 묻지 않은 순백의 구름 두 덩이가 떠 있다.

고풍(古風)한 벽

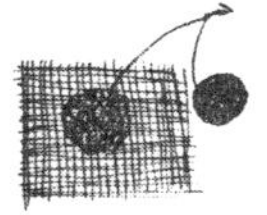

집이 부서지고 있다. 포클레인이 움직일 때마다 소리를 내며 집이 무너지고 있었다. 새 도로를 만들기 위해 진로에 방해가 되는 집들을 부수고 있는 모양이다. 사람들이 구경을 하고 있다. 어떤 사람은 혀를 차고 어떤 사람은 웃고 있다. 혀를 차고 있는 사람은 주로 나이가 든 사람들이다. 웃고 있는 사람들은 집과 바꾼 보상금과 산골에서의 탈출을 기뻐하고 있는 것일까.

동네 끝머리에 아직 문패가 붙어 있는 집이 있다. 오래된 집인 듯 담 위로 늙은 감나무며 추자나무가 솟아있다. 대문을 밀고 들어갔다. 담 밑에 무더기로 자란 머구 잎이며 노란 꽃을 달고 있는 골담초 덤불, 축담 위에 엎어져 있는 대소쿠리가 눈에 뜨였다. 마루 위에도 칠이 벗겨진 밥상이 놓여있다. 노인이 방문을 열고 나온다. 그는 무단 침입을 한 우리를 나무라는 대신 마루에 앉기를 권한다.

"이 집에서 평생을 살았소. 자식들도 여기서 태어났고 안사람도 이 집에서 눈을 감았소. 추자나무와 감나무도 내 손으로 심었소. 긴 담부랑도 내가 쌓았소. 이런 집을 부수어 버린다니, 떠나가라니 그것이 쉬운 일이요?" 하며 한숨을 쉰다.

쫓겨날 때를 기다리며 혼자 집에 남아 있는 노인, 낡은 문패와 오래된 나무들과 손때가 묻은 밥상과 함께 집을 지키고 있는 노인, 마음이 아팠다. "집이 없어지면 갈 곳은 있어요." 하고 물었다. "보상금을 탄 아들이 도시에 집을 장만했다나, 어쩐다나." 하며 남의 일 같이 대답을 한다.

그때 대문 밖에서 차 소리가 들렸다. 중년의 남자가 안으로 들어온다. "아버지." 하고 부른다. 노인은 힐끗 쳐다볼 뿐 반가워하는 기색이 없다. 나는 민망하여 대문 밖으로 나왔다. 자동차가 서 있다. 두둑한 보상금은 헌집대신 번쩍이는 자동차와 새 집을 아들에게 안겨준 모양이다. 집안에서 큰소리가 오고갔다. 아들의 목소리가 더 컸다.

담을 따라 가 보았다. 군데군데 자갈이 박혀 있는 흙담이 집을 둘러싸고 있다. 젊은 날, 노인은 힘을 뽐내며 산비탈의 황토와 개울가의 자갈을 함께 반죽하여 담을 쌓아 올렸을 것이다. 손과 발, 온몸에 흙 칠갑을 하며 견고한 담을 만들었을 것이다. 그 울타리가 온 가족을 지켜 주었을 것이다.

흙담 밑에 개망초가 솟아있다. 귀화식물인 망초는 이 땅을 침입하여 곳곳에 뿌리를 내리며 번식하고 있다. 손으로 담을 만져본다. 흙이 부서진다. 흙 속에 묻힌 작은 돌이 땅으로 굴러 떨어진다. 오래된 벽은 그렇게 부서지고 침입 당하고 분리되며 삭아 내리고 있었다.

가슴이 답답하고 목이 말랐다. 길가에 있는 구멍가게에서 생수 한 병을 샀다. 가겟집 여자가 "한 달도 남지 않았네. 동네가 몽땅 사라질 날이." 하며 마을 쪽을 바라본다. 나도 생수를 벌컥벌컥 마셔대며 나와 아무관계가 없는 집들을 건너다본다.

자동차 소리가 났다. 대문 앞에 있던 자동차가 부르릉 소리를 내며 떠나버린다. 가겟집 여자가 또 말을 한다. "아들이 혼자 가버리는 것을 보니 오늘도 실패를 했군." 했다. 아버지를 새 집으로 모시고 가기 위해 찾아왔지만 따라가기를 거부했다는 뜻 같았다. 나는 아들의 실패가 은근히 기분 좋았다. 아버지의 고집이 은근히 기뻤다. 생수병에 남아있는 물을 마저 마셨다. 가슴이 시원해졌다.

그곳을 떠났다. 출발하기 전, 다시 동네를 돌아본다. 노인이 대문 밖에 나와 있다. 신작로 쪽을 멀거니 보고 있다. 그리고 대문 위에 붙어있는 낡은 문패 밑을 지나 담부랑 쪽으로 간다. 흙담에 기대어 선다. 오래된 담이 그의 몸을 지탱해 준다. 황토 빛 고풍한 벽과 노인의 누런 얼굴, 서로 닮아있다.

담 위로 솟아있는 오래된 나무들과 집이 부서지는 날까지 지키고 있을 낡은 문패와 슬픈 오기로 뭉쳐 있는 노인의 모습, 그 조화가 처연하고 아름답다. 그러나 곧 무너질 것 같은 쓸쓸한 모습을 하고 있다.

고향 산천

"타국살이 사십 년, 고향 산천이 보고 싶다. 고향 산천에서 살고 싶다. 고향 산천에서 죽고 싶다."

이런 편지를 받았다. 독일에서 온 편지이다. 아득히 먼 서양에서 날아온 편지의 무게는 새처럼 가벼웠다. 그러나 고향 산천이라는 단어를 일곱 번 이상 들먹인 글의 내용은 바위보다 무거웠다. 그가 말하는 고향 산천은 무엇일까. 고향의 산과 강은 언제까지 그를 붙들고 있을 것인가.

이십여 년 전, 그를 독일의 함부르크에서 만났었다. 덴마크에서 돌아오는 길이었다. 미리 연락을 받은 그가 마중을 나왔다. 점심때였다. 생선요리 집으로 우리를 데리고 갔다. 서양 사람들 사이에 끼어 앉았다. 음식이 나왔다. 생선을 기름으로 튀긴 요리였다. 소스를 뿌리고 포크로 찍어먹었다. 그때 우리는 고추와 마늘을 넣은 한국의 생선 매운탕 이야기를 오래 하였다.

비엔나에서 북구를 향해 여행을 떠날 때, 어떤 독일 여자가 함부르크에 있는 그의 한국 친구를 만나보라고 권하였다. 고향사람을 만나면 매우 기뻐할 것이라고 했다. 타국살이를 하는 친구의 외로움을 달래 주려는 마음씨가 고마웠다. 그 친구를 그때 만났던 것이다.

그날 우리는 함께 엘바강에 갔다. 엘바강의 흐린 물을 바라보며 그는 고향 이야기를 하였다. 고향의 강이 그립다고 했다. 하지만 그의 고향이 있다는 은성지방의 강들은 탄광지대라 그런지 검은 물을 담고 흘러간다. 그럼에도 불구하고 그는 고향의 강을 그리워하고 있었다. 자기 이야기도 하였다. 간호사로 왔다가 독일에 눌러 산다고 했다. 직장도 가지고 독일 남자와 결혼도 하고 아이도 낳았다고 하며 운이 좋았다고 하였다. 운이 좋았다는 말을 들으며 그가 생각하는 운의 기준이 무엇일까 생각해 보았다.

삼 개월 후, 우리는 한국으로 돌아왔고 몇 번 편지가 왔었다. 첫 번째 편지에는 여름휴가를 다녀왔다고 하며 사진을 동봉했다. 푸른 눈의 남자와 금발의 아이, 그리고 황색인의 한국 여자, 웃고 있었다. 편지 속에는 깐느, 모나코 등, 남불(南佛) 해안의 도시들과 지중해의 푸른 물빛에 대한 이야기가 많았다. 고향 이야기는 없었다.

두 번째 편지에는 허리에 고장이 나서 치료를 받는 중이라고 하며 한국의 온돌방 생각이 난다고 했다. 온돌방의 뜨거운 구들장 위에 누워 허리에 찜질을 했으면, 한의원에 가서 침 몇 대를 맞았으면 하였다.

오늘 세 번째 받은 편지에는 고향 산천에 대한 그리움의 말로 가득 차 있다. 고향의 강, 고향의 들 이야기가 많았다. 고향의 강 언덕에 앉아 피곤한 몸을 쉬어 보았으면, 싸리나무, 돌감나무, 오동나무 등 고향 산천에서만 살고 있는 그런 나무들을 만나 보았으면 하였다.

음식 이야기도 있었다. 참죽 잎으로 만든 자반 퇴김, 된장에 박은 무장아찌, 쓴맛이 나는 고들빼기김치, 심지어 콩나물 밥, 새우젓 이야기도 있었다. 가난한 시절에 먹었던 이런 음식의 맛은 아직도 혀끝에 남아 서양 음식들과 싸우고 있는 것일까.

편지를 읽고 있으니 더럭 겁이 났다. 고향 산천에 대한 그리움이 봇물처럼 쏟아져 나오는 이유가 무엇일까. 타국에서 이룩한 것들을 팽개쳐 버리고 오로지 고향 산천으로의 회귀만이 소원인 참 이유가 무엇일까. 병이 들어 치유

불능의 상태가 되었는가. 아니면 타국생활의 외로움을 감당할 힘이 모두 소진되고 말았는가.

며칠 후, 편지를 쓸 것이다. 무슨 말로 그의 그리움을 잠재워 줄까. 그가 태어난 문경 지방의 아름다운 산세를 이야기 할까. 그가 살았다는 은성의 탄광, 이제 탄광은 폐쇄되고 지금은 석탄박물관이 되었다는 이야기, 검은 물이 흘러가던 강도 이제는 맑고 깨끗해졌다는 이야기를 해줄까. 아니면 고향 산천에서 솟아나는 봄풀들의 이름을 일러줄까. 지금 이 땅에는 정지나물, 칭칭이나물, 머슴둘레 같은 봄풀들이 산과 들에서 지천으로 돋아나고 있다.

봄이 깊어지면 향기로운 참죽 잎이며 산초 잎이며 더덕뿌리 같은 것으로 장아찌를 만들어 그에게 보내주고 싶다. 가을에 갈무리해 둔 무말랭이, 감말랭이, 호박말랭이 같은 것도 함께 보내고 싶다. 이런 것들은 그가 태어나고 숨 쉬고 뛰어 다녔던 고향 산천의 햇볕 아래에서 살아온 생명들이다.

참죽 잎이며 산초 잎을 따서 그늘에서 말리고 들깻잎, 콩잎, 씀바귀를 소금물에 삭히고 도라지와 더덕뿌리를 방망이로 잘금잘금 두드려 숨을 죽이고 마침내 그것들을 양념에 버무리며 간을 보리라. 조금은 칼칼한 맛이 나게 하리라. 마지막으로 통깨와 실고추를 살살 뿌리며 멋도 내리라. 드디어 꽁꽁 묶은 음식들을 들고 우체국으로 갈 것이다. 하지만 이런 나의 행위가 그에게 치유의 기쁨이 될지 아니면 더 큰 그리움의 병이 될지는 알 수가 없다.

구슬령 밑에서

구슬령 밑에 차를 세웠다. 구슬령을 넘으면 바로 수비, 영양, 일월산으로 통한다. 그동안 몇 번이고 구슬령을 넘어가 보려고 했었다. 그때마다 사람들은 아직 눈이 녹지 않았기 때문에, 혹은 산사태로 길이 막혔기 때문에, 또 어떤 이는 노룻재보다도 높고 창수령보다도 위험하기 때문에 가지 말라고 하였다. 그 높고 험한 재를 지금 넘어가려고 하고 있다.

산 밑에 마을이 있고 실개천이 흘러간다. 마을 뒤편으로 학교도 보인다. 잘 생긴 나무 한 그루가 학교 입구에 서 있다. 나무의 이름이 무엇일까 궁금하여 다가갔다. 나무는 한창 푸른 물이 오르고 있는 중이다. 느티나무 같기도 하고 팽나무 같기도 하였다. 어떤 노인이 긴 장대를 들고 학교 안으로 들어간다. 건물 안에서도, 운동장에서도 학생들의 모습이 보이지 않는다. 깨어진 유리창, 황폐해진 꽃밭 등 폐교가 되어있다. 노인이 장대로 처마에 걸려 있는 거미줄도 걷어내고 열려있는 교실의 창문도 닫는다.

"학생들이 모두 어디 갔어요?" 노인에게 물었다. "모두 울며불며 떠나가 버렸소." 이렇게 대답을 하였다. "이 학교 졸업생이요?" 이번에는 그가 물었다. 고개를 저었다. "아무 상관이 없는 사람이 망해버린 학교를 무슨 일로 찾아 왔소." 하며 나를 쳐다본다. 울며불며 떠나갔다느니, 망해버렸다느니 하고 말을 할 때 노인은 얼굴을 찡그렸다. 가슴 속 아픔을 나타내는 것 같았다.

모든 산골학교는 서로 비슷한 것일까. 이 학교도 내가 어린 시절에 다녔던 산골학교와 닮아 있다. 노인이 학교가 부수어지기 전에 한 번 둘러보라고 하며 교실 문을 열어준다. 그리고 농사꾼이 된 큰아들과 후포 바닷가에 살고 있는 작은아들도, 또 구슬령 너머 수비로 시집을 간 딸도 이 학교를 졸업했다고 말했다.

안으로 들어갔다. 교실 정면에 붙어있는 글이 보인다. '위대한 사람이 되자' '노력은 성공의 어머니'라는 급훈이 걸려 있다. '우리 다시 만나자. 우리 학교 만만세' 이런 글도 낙서처럼 칠판에 남아있다. 김말수, 박대식, 이점순 등 산골 아이들의 이름도 적혀있다.

학생의 수는 점점 줄어들고 드디어 몇 사람 남지 않은 학생들은 마지막 수업과 마지막 졸업식을 하고 떠나갔을 것이다. 마지막 선생님, 마지막 학생들은 울며불며 흩어지고 학교는 영영 문을 닫았을 것이다. 융성했던 옛 학교를 기억하는 부모들은 "학교가 망했다." 하며 가슴 아파했을 것이다 '위대한 사람' '노력 끝의 성공' 이런 목표를 지니고 학생들은 공부를 한다. 그 위대함과 성공을 향해 아이들은 지금 얼마만큼 가고 있을까. 게시판에 붙어있는 높은 빌딩 그림이며 씽씽 달리고 있는 자동차며 비행기 그림 등 그 문명을 찾아 산골아이들은 어디만큼 가 있을까.

학생들이 뛰고 굴렀던 넓은 운동장에는 녹슨 철봉과 그네만 흔들거리고 있고 아이들의 발자국이 찍혔던 자리에는 온갖 풀이 돋아나 있다. 질경이, 냉이, 씀바귀 등 종류가 헤일 수 없이 많다. 그것들은 제각각 특징을 지니고 있다. 질경이의 강인한 생명력, 냉이의 미세한 향기, 씀바귀의 유익한 약효 등 이런 풀들도 어떤 사명을 지니고 세상에 태어났다.

갑자기 시냇가의 조약돌처럼 도란도란 둘러앉아 있는

아이들의 모양새가 눈에 떠오르고 산골 학교의 운동회, 그 흥겨움이 생각난다. 펄럭이고 있는 만국기와 학부모와 학생들의 함성이, 운동회의 끝남, 그 파장의 쓸쓸한 기분이 되살아난다. 초등학교에 입학하던 첫날, 한없이 넓어 보이던 운동장이며 책가방의 무게, 차츰 키가 커지고 더욱 유식해지고 이런 순서에 따라 아이들은 자라난다. 이런 기억은 누구에게나 보석처럼 간직되어 있다.

세상은 변한다. 그러나 아무리 변했다 해도 함께 뛰놀았던 옛 친구들은 변형되지 않는 돌 콩처럼 작고 둥근 모습으로 기억 속에 남아있다. 지금 나는 그 돌 콩 같은 옛 동무들이 한없이 그립다. 오늘 높고 험한 구슬령 고개를 넘어가기 직전에 만나본 산골 학교, 텅 빈 폐교에 서서 보물 같은 옛 기억들을 찾아낸다.

망해버린 학교를 지키듯 장대를 들고 폐교의 둘레를 돌고 있던 노인의 행동이며 깨어진 유리창 틈새로 넘나들던 산바람 소리며 버려진 책가방 밖으로 삐죽이 보이던 헌 공책, 그리고 끈이 풀린 운동화 한 짝, 나는 그것들의 비애를 옷자락에 묻히고 폐교를 떠났다. 우리 뒤로 와와 떠들어대는 산골 학생들의 소리가 따라 오고 있는 것 같았다.

나비의 말

나비가 날고 있다. 하늘로 솟았다가 땅위로 내려 왔다가 하고 있다. 높은 산위에 어떻게 나비가 올라 왔을까. 이곳은 산 위에 조성된 공원묘지, 친척의 기일을 맞아 산소에 왔다. 오월의 신록이 눈부시다. 그러나 적막하다. 사람들이 보인다. 어떤 사람은 기도를 하고 어떤 사람은 절을 하고 있다. 음식을 먹고 있는 사람들도 있었다.

한 가족이 눈에 뜨인다. 아버지와 두 딸, 엄마의 모습은 보이지 않는다. 그쪽으로 다가가 비석에 새겨있는 글을 읽었다. '2007년 5월, 가브리엘라 선종'이라는 글귀가 보였다. 2007년 5월이면 지난해 이맘때쯤이다. 가브리엘이라는 세례명은 천사를 의미한다. 땅 위에 내려왔던 천사가 다시 날개를 달고 하늘로 돌아가 버렸을까.

세상에 남겨진 아버지와 딸들, 나비가 날개를 파닥이며 올라왔듯이 그들도 아내를 찾아, 엄마를 찾아 높은 산으로 올라왔다. 아이들은 일곱 살과 다섯 살 정도로 나이가 어려 보인다. 아버지의 모습도 젊다. 비석도 새것이다. 어린 아이와 새 비석, 그리고 젊은 아버지, 그 의미가 가슴을 아프게 한다. 온 가족이 흰 바지를 입고 있다. 윗옷만이 연둣빛, 분홍빛, 흰빛으로 서로 다르다. 각각의 색이 어울려 아름답다. 그 완벽한 아름다움이, 젊은 아버지가 혼자 빗겨주었을 아이들의 머리치장이 마음을 슬프게 한다.

날아다니는 나비 떼를 따라 아이들이 뛰어 간다. "나비야, 나비야." 하며 불러대고 있다. 작은아이가 넘어졌다. "엄마." 하고 큰소리로 울어버린다. 아버지가 달려가 일으킨다. 아이는 흙이 묻은 손과 옷을 아빠에게 맡긴 채 가만히 있다. 아이의 입에서 저절로 불러진 '엄마'라는 단어, 그 명칭은 아이의 가슴속에 언제나 살아 있을 것이다. 아프거나 슬플 때마다 시도 때도 없이 입에서 튀어나올 것이다.

아이들은 다시 나비를 따라가고 남자만 혼자 남았다. 손에 뭔가를 들고 있다. 검은 빛의 색안경이었다. 문득 그가 들고 있는 색안경의 용도가 깨우쳐진다. 남자는 필시 짙은 색안경으로 흐르는 눈물을 감추려고 했을 것이다. 아이들 앞에서 슬픔을 위장하려고 했을 것이다.

젊은 날에 친정어머니가 돌아가셨다. "세월이 약이다." 하는 말을 그때처럼 깊이 실감한 적이 없었다. 세월이 흘러가자 슬픔도 그리움도 조금씩 엷어져 갔다. 우리는 혼자 남으신 아버지를 모시고 자주 나들이를 했었다. 어머니 산소에도 가고 어머니와 함께 생활했던 마을에도 갔었다. 아버지는 그때마다 색안경을 끼고 계셨다.

나는 그런 아버지를 보고 "아, 아버지가 슬픔에서 벗어났구나. 어머니에 대한 그리움에서 자유로워졌구나. 그래서 멋을 내고 계시는구나." 라고 생각하였다. 성당에서 거행하는 혼례식장에서 동생의 손을 잡고 앞으로 나아가실 때도 색안경을 끼고 계셨다. 그때 나는 비로소 알았다. 아버지가 안경 밑으로 울고 계심을. 어머니의 빈자리를 보며 외로움을 혼자 견디고 계심을. 사람들 앞에서 어머니에 대한 그리움을 색안경으로 감추고 계셨음을. 자식들은 아버지의 깊은 슬픔에 대해 그렇게 아둔하였다.

나비 떼를 따라 간 아이들이 "와!" 하고 소리를 지른다. 파닥이는 나비 한 마리를 잡았는가, 나비와 함께 동무가 되었는가. 그러나 그들은 빈손으로 돌아왔다. 언제쯤이면 아이들은 날개를 가진 나비는 땅에 붙어있는 사람들과 다른 세계에 살고 있음을, 사람의 손으로는 결코 붙들 수 없는 존재임을, 아무리 엄마의 이름을 불러대도 땅속의 엄마가 대답을 못하듯이 나비도 날개만 흔들어댈 뿐 어떤 말도 할 수 없음을 깨달을 수 있을 것인가.

남자가 "금실아, 은실아." 하고 딸들을 부른다. 예쁜 이름들이다. 젊은 부부는 태어난 아기 곁에서 귀한 이름을 찾아 머리를 맞대고 오래 궁리를 했을 것이다. 금과 은의 반짝임을, 그런 앞날을 기원하며 아이들의 이름을 향기롭게 불러 주었을 것이다.

"이제 돌아가자." 하는 아버지의 소리에 아이들이 달려온다. 남자는 능숙한 솜씨로 옷매무새도 고쳐주고 어깨에 가방도 메어준다. 그리고 색안경을 얼굴에 낀다. 색안경을 낀 아버지의 모습을 보고 아이들이 "아빠, 참 멋지다." 한다. 나의 눈에도 멋이 있어 보였다. 남자가 입고 있는 순결한 흰 옷과 산과 나무의 청청한 초록 빛, 그 대비가 매우 신선하다.

산을 내려가는 가는 그들의 모습이 소풍을 왔다가 돌아가는 것 같다. 남자가 뒤를 돌아본다. 짙은 색안경이 아내의 무덤을 노려보고 있다. "가브리엘라." 하고 아내의 세례명을 불러보는 듯 입을 움직이고 있다.

그리운 사람의 말 대신 쓸쓸한 산바람 소리만 듣고 떠나가는 남편, "나비야, 나비야." 하고 불러대며 나비 떼만 쫓아다니다가 돌아가는 아이들. 문득 나는 그들에게 어떤 말을 해주고 싶어졌다. 엄마대신, 나비대신 말을 해주고 싶었다.

"당신은 여전히 멋이 있네요." "아이들도 여전히 어여쁘네요." "가브리엘 천사처럼 나도 하늘에 올라갔다가 땅위로 내려왔다가 하며 언제나 이곳에서 날개를 흔들고 있을 거예요." 내가 이 말을 입 속에서 끝냈을 때쯤 나비 한 마리가 새 비석 곁으로 또 날아왔다.

늑대 이야기

손자와 함께 동물 울음소리 흉내내기를 하였다. 멍멍 강아지, 꿀꿀 꿀돼지 소리도 내고 찍찍 쥐새끼, 깍깍 까마귀하며 징그러운 동물 울음까지 흉내를 내었다. 고양이 소리를 낼 때는 도둑고양이처럼 살금살금 기어가는 시늉을 하였다. 내가 온갖 동물 소리를 들춰내고 있는 것은 어린 손자 녀석을 곁에 오래 붙잡아 두기 위해서이다.

아이가 갑자기 목을 치켜들고 "아우-." 하며 이상한 소리를 질렀다. 늑대의 울음소리라고 했다. 재미가 있는지 네 번이나 되풀이하였다. 동화책에 보면 늑대는 교활한 동물로 묘사되어 있다. 엉큼한 늑대의 흉내를 내고 있는데도 나의 눈에는 손자의 모습이 귀엽기만 하다. 해거름이 되어 아이가 제 집으로 돌아갔다. 손자와 함께 동물 소리를 내며 즐거웠던 하루, 손자가 흉내내었던 늑대의 소리가 다시 생각났다.

늑대의 울음소리를 들은 적이 있다. 낙동강 가에 있는 소읍, 남지라는 곳에서였다. 먼 지난날, 객지에서 미술교사를 하고 있던 나는 방학이 되면 부모님이 계시는 그곳으로 돌아가곤 하였다. 교장 관사를 둘러싸고 있던 대나무 숲과 오래된 은행나무가 기억난다.

그때 나는 밤이 되면 쉽게 잠을 이루지 못하였다. 한밤중까지 깨어 있었다. 깨어 있는 나의 귀에 낙동강에서 불어오는 바람소리가 들려왔다. 짐승의 소리도 들렸다. 늑대의 울음소리라고 하였다. 그 불면의 밤에 들었던 늑대의 소리는 낙동강의 바람소리와 함께 나를 흔들고 지나갔었다. 그때 나를 흔들어댄 것은 이것들뿐만 아니었다.

해질녘, 전깃불이 들어올 때쯤이면 읍내의 극장에서 노랫소리가 울려 퍼졌다. 「성당의 종소리」, 「백치 아다다」, 「역마차는 달려간다. 저 멀리」 등의 유행가였다. 이런 노래를 듣고 있으면 흥겨움보다는 슬픈 기분이 더 많이 솟아올랐다. 엎드려 기도하는 인간의 허약함, 운명의 끈에 매달려 고통 받고 있는 인간의 몸부림, 먼 세계를 향해 달려가고 있는 인간의 자유로움, 이런 허망하기도 하고 쓸쓸하기도 한 기분에 젖어들곤 하였다.

한번은 동네 처녀와 낙동강 둑에 올라갔다. 먼 곳에서 흘러와 또 먼 곳으로 가버리는 강물이 우리 발밑에 있었다. 넓은 모래사장 위에 사람의 발자국이 보였다. 강으로 가는 발자국만 있고 돌아오는 발자국은 없었다.

옆에 있던 처녀가 발자국 임자는 배를 타고 강을 건너갔을 것이라고 말했다. 낙동강 너머에는 큰 도시 등 별천지가 많이 있다고 하였다. 그 별천지가 그리운 듯 처녀는 강 건너편을 오래 바라보고 있었다. 늑대 이야기도 하였다. 밤중에 늑대가 울고 있는 것은 배고픔 때문이 아니고 짝에 대한 그리움 때문이라고 말했다. 낙동강을 건너올 수 없는 늑대가 건너편 강둑에 서서 짝을 찾아 울고 있을 것이라고 했다.

강바람에 펄럭이고 있는 치마폭과 품이 좁은 분홍 저고리, 처녀는 저고리의 앞섶을 억누르는 듯 두 손으로 여미고 있었다. 가슴속 비밀을 감추고 있는 것 같았다.

그때 나는 처녀의 가슴속에 사랑이 담겨 있구나, 늑대가 짝을 찾아 울고 있듯이 처녀도 짝에 대한 그리움 때문에 가슴을 아파하고 있구나, 하고 생각하였다. 그날 나도 처녀와 나란히 서서 언제인가 나타날 나의 짝, 그 미지의 남자를 상상해 보았었다.

젊은 시절에 들었던 늑대의 울음, 짝을 찾아 울고 있는 짐승의 소리는 무섬증보다는 슬프고 애틋한 기억으로 남아있다. 극장에서 들려오던 유행가 소리와 함께 흘러간 날의 쓸쓸한 기억으로 남아있다.

저녁이 되었다. 텔레비전을 켰다. 어떤 남자가 무언가를 주장하며 연설을 하고 있다. 장황하고 지루했다. 문득, 위로 올라간 두 눈, 네모진 얼굴과 뾰족한 턱이 늑대와 닮았다는 느낌이 들었다. 그림에서 본 늑대의 인상과 비슷하였다. 동물의 형상을 지닌 사람은 출세를 잘 한다고 했다. 저 사람도 늑대를 닮은 얼굴 때문에 벼슬자리에 오른 것일까. 단상에 높이 서서 진실 같기도 하고 거짓 같기도 한 말들을 토해내고 있는 것일까.

며칠 후면 손자가 또 우리 곁으로 온다. 한 이불 밑에서 잠을 자며 아이는 이야기를 해달라고 졸라댈 것이다. 착한 동물 이야기, 착한 사람 이야기를 해달라고 할 것이다. 그날 밤 나는 무슨 이야기를 할까.

세상의 온갖 더러운 때를 다 보아온 지금, 그 불결한 때를 나도 몸에 묻히고 있는 지금, 아무리 생각해도 손자에게 들려줄 선한 이야기들이 생각나지 않는다. 지난날에 들었던 외로운 늑대의 울음소리를 말해 줄까. 아니면 교활하고 엉큼한 늑대의 동화를 들려줄까. 어른이 되면 그런 늑대와 같은 사람을 경계해야 한다고 일러줄까. 어린 손자에게 세상의 밝고 어두움, 선과 악, 그 양면성을 말해주어야 할지 말아야 할지 아직 답을 찾지 못하고 있다.

마타우센의 흙 십자가

암스텔담에 있는 안네 프랑크의 기념관을 찾아간 적이 있다. 유태인 표식인 저주의 황색별을 달고 위장된 책장 뒤편 밀폐된 곳에서 불안한 소녀 시절을 보냈던 안네. 갇힌 공간에서 하루하루 일기를 쓰면서 견디어 온 안네 프랑크, 『안네의 일기』를 눈물을 줄줄 흘리며 읽었던 학창 시절이 생각났다. 그의 가족이 붙잡혀 갔을 때의 안네의 나이는 십오 세, 방에 붙어있는 지도에는 당시의 전황을 표시한 압정이 승리와 패망의 지명 위에 그대로 꽂혀 있었고 타무르 광장에 있는 교회의 시계탑에서는 여전히 종소리가 울리고 있었다.

그때 결심을 하였다. 문화와 문명, 그런 것만을 찾아다니며 감탄할 것이 아니라 고통의 흔적도 찾아가야 하는 것을, 그런 흔적들을 보며 아픔에 대한 인식과 아픔에 대한 표현도 해야 한다는 것을 느꼈었다. 사람들에게 유태인들이 끌려간 수용소에 대해 물어 보았다. 하노버에서는 안네 프랑크가 죽은 베르겐 벨젠 수용소로 가는 길을, 뮌헨에서는. 닥하우 수용소로 가는 길을, 오스트리아 린츠에서는 마타우센으로 가는 길을 물었었다.

나의 물음에 R교수는 "수용소를 보고 돌아오면서 손이 떨려 차를 벼랑에 처박을 뻔했어요." 하였고 유학생인 K 학생은 "수용소에 다녀온 후 며칠 동안 식사를 못 했어요." 했다. 독일에 영주권을 갖고 있는 B씨는 "오늘은 가지 마세오. 음울한 날씨이니까."라고 말했다. 친 가족처럼 지내고 있는 블렉히 부인은 "가지 말아라. 거기 다녀오면 우리를 미워하는 마음이 생길 것이다." 하며 수용소 방문을 만류했었다.

귀국을 앞두고 성당의 신부님께 작별 인사를 하러 갔다. 신부님은 "돌아갈 날이 다 되었지요. 이곳에서 무엇을 보고 느꼈습니까." 하시고는 "한국은 전쟁을 알고 있지요. 우리도 전쟁을 겪었습니다. 전쟁은 가장 큰 죄악입니다. 히틀러의 고향은 이곳입니다. 마타우센에 가보시오. 가서 보고 우리를 단죄하십시오." 하였다.

위대한 민족, 순수 혈통을 외치며 민중들에게 충동적인 감정과 흥분을 부추기고 마침내 전쟁을 일으켜 삶의 질서를 파괴시킨 콧수염의 사나이, 수많은 유태인에게 독가스를 마시게 했던 광기의 사나이는 이미 종말을 고한 지 오래이다. 그러나 상처는 지금도 곳곳에 남아 있다.

어떤 이는 몸서리치며 어떤 이는 부끄러워하며 혹은 분노하며 이야기를 꺼내기도 하고 입을 다물기도 한다. 그때 학살된 유태인의 수는 6백 만 명, 이것을 잊지 않기 위해 이스라엘에서는 6백만 그루의 나무를 심었다고 했다.

마타우센 수용소로 갔다. 높고 두터운 담, 탐조등이 설치된 망루, 견고한 철조망이 버티고 있는 수용소는 완벽하게 보존이 된 채 공개되고 있었다. 무거운 철문을 지나자 몇 채로 나누어진 건물이 황량한 땅에 흩어져 있다. 나는 앞의 사람에게 꼭 붙어 서서 수용소를 둘러보았다.

수용소 내부에서 본 것들을 모두 나열할 수 없다. 흐르는 눈물과 메스꺼운 구토를 목으로 넘기며 그들이 잠들었던 침상, 마른 빵을 자르던 식탁, 등이 닿았던 나무 의자 곁을 빠르게 지나갔으며, 죽음의 계단과 가스실과 3백 명의 여인이 함께 처형된 담 밑의 흐린 땅을 보았다. 그늘진 방 안에는 얼룩말 같은 수인의 옷을 입고 강제 노동을 하고 있는 사진이며, 지하 운동으로 끌려온 정치범, 혹은 평복의 신부들이 노한 표정으로 찍혀진 사진들이 걸려 있었다.

그들이 남긴 흔적이 무엇일까. 흔적을 찾아 방과 방 사이, 벽의 한 모서리, 나무 탁자의 벗겨진 곳을 살폈으나 더듬고 지나간 손의 자국만이 덕지덕지 포개어져 있다.

펼쳐진 채로 공개되고 있는 그들의 일기장, 필력이 흐려진 글씨, 색채가 없는 그림, 종이로 꼬아 만든 새, 흙으로 빚은 십자가가 흔적으로 남아 있다.

흙 십자가 곁에서 걸음을 멈추었다. 흙으로 십자가를 만들며 그들은 무슨 생각을 하였을까. 안타까운 목숨의 탄원이었을까. 압제자의 비리를 하느님에게 고발하며 고통의 십자가를 껴안듯 그렇게 십자가를 만들었을까. 아니면 침묵하고 있는 신을 향하여 분노의 감정을 표출하듯 흙 십자가를 부수기도 하고 다시 완성하기도 하였을까.

두 번째 방에서 층계 밑에 집단으로 모여 있는 아이들의 사진을 보았다. 모자 밑으로, 헐렁이는 소매 사이로, 끈이 풀린 구두 위로 야윈 팔목과 발을 드러내고 유령처럼 서 있는 아이들, 아이들의 큰 눈은 살아 있는 우리를 응시하고 있다.

세 번째 방에서 '여기 우리의 후손 요아킴이 18세 나이로 사라지다.'라고 쓴 팻말과 웃고 있는 소년의 아름다운 얼굴을 보았다. 그렇다, 그들은 등이 떠밀리어 처형장으로, 가스실로, 전쟁 의학의 표본으로 사라져간 것이다. 뒤에 있던 서양 여인이 눈물을 흘리며 들고 온 꽃다발을 사자(死者)를 태우던 화구 앞에 놓고 있다. 살아 있는 자가 바치는 꽃다발은 곳곳에 놓여 억울한 영혼들을 위로하고 있다.

수용소 바깥에는 위령의 탑들이 서 있다. 속죄 양 모습으로 기도하는 자세, 사슬에 묶여 절규하는 사람들의 얼굴의 표정, 처형의 골짜기로 내려가는 계단 옆에도 거대한 철조망이 조탑(弔塔)처럼 세워져있다. 죽음의 땅을 증명해주고 있다.

돌아오는 길, 수용소 굴뚝이 보이는 마을에 차를 세웠다. 예복으로 정장한 어린 소년 소녀의 손을 잡고 걸어가는 노인이 보였다. 마타우센 수용소가 보이는 이 마을에 오래 살았느냐고 물었더니 우리의 큰소리에 기겁을 하며 아이들을 먼저 집 안으로 들여보낸다. "창문을 가린 군용차들이 수없이 지나갔지요. 하루에도 몇 번씩 굴뚝에서 연기가 솟았지요. 우리는 그 연기가 군수품을 만드는 불길인 줄만 알고 있었지요." 하며 입을 다문다.

마타우센 수용소를 기억하기엔 마음이 아프다. 수용소 안에서 본 흙 십자가와 십자가를 만든 사람의 최후를 상상하면 더욱 가슴이 아프다. 모든 기억들이 하루 속히 망각 속으로 잊혀져가기를 바랄 뿐이다.

나무를 버리다

나무 한 그루가 눈에 거슬렸다. 어느 사이 쑥쑥 커서 마당도 가리고 앞산도 가려버린다. 꽃을 피우고 있는 백일홍도 능소화도 볼 수 없다. 시야를 방해하고 있는 나무가 성가신 느낌이 들었다. 점점 비대해지고 있는 나무가 버거운 생각이 들었다.

나무를 처분할 궁리를 하였다. 처음에는 누군가가 돈을 내고 사가기를 바랐다. 두 번째는 다른 나무와 맞바꾸었으면 하였다. 우리 집에 없는 복사나무나 배나무 같은 것과 교환하고 싶었다. 꽃도 보고 열매도 얻고 이익이 될 것 같았다. 식물원 사람을 불렀다. 설명을 들은 남자가 대뜸 "어렵다."고 하였다. 나무가 크고 오래되어서 작업비도 만만치 않고 다른 곳으로 옮기면 죽을지 살지 알 수 없다고 했다. 이제 너무 늙어 누구에게도 환영받지 못하는 나무, 버림받는 신세가 된 나무, 오래된 것의 비애가 느껴졌다.

가을이 되었다. 식물원에서 다시 연락이 왔다. 공짜로 주면 옮겨가겠다고 했다. 공짜로 갖고 가서 웃돈을 받고 팔아먹으려는 눈치였다. 우리도 이 나무를 공짜로 얻어와 심었었다. 공짜로 왔으니 공짜로 가버려도 무방하다.

인부 세 사람이 달려들어 나무를 캐어 내었다. 뿌리가 길게 뻗어 애를 먹었다. "깊이 뿌리를 내린 나무를 뽑아버리다니." "깊이 정이 든 나무를 버리다니." 하며 늙은 인부가 끌끌 혀를 찼다. 깊이 뿌리를 내린 나무, 깊이 정이 든 나무라는 말에 가슴이 뜨끔하였다. 마침내 억센 인부들의 힘에 이끌리어 나무가 집밖으로 나갔다. 골목 끝으로 사라지는 나무를 향해 "새 땅에 가서 탈 없이 잘 살아라. 더욱 힘차게 자라나서 아름다운 거목이 되어라." 하고 마음속으로 빌었다.

봄이 왔다. 나무가 있었던 빈자리에 철쭉 한 그루를 심었다. 키가 작아 마당이며 앞산이 훤히 보였다. 그러나 옛 나무가 자꾸 눈에 밟히었다. 나무의 전지를 하기 위해 식물원 사람이 왔다. 우리 집 나무를 캐어간 인부이다. 대문 안으로 들어서는 그에게 먼저 나무의 안부를 물었다. "죽어버렸소." 간단하게 대답을 했다. 왜 죽었는지, 언제 죽었는지, 설명이 없었다. 나뭇가지만 댕강댕강 잘라내고 있었다.

늦가을에 나무를 옮기면 얼어 죽기 쉽다는 옛말이 기억나고 겨울 한파 속에서 떨고 있었을 나무의 흔들림이, 새 토질에 적응하기 위해 끙끙 앓고 있었을 나무의 아픔이, 영양분을 섭취 못해 빼빼하게 말라가는 나무의 야윈 모습이 상상이 되었다. "왜 죽였소. 얼려 죽였소. 굶겨 죽였소." 하며 따져 보고 싶었다. 그러나 그런 말을 할 자격이 내게 없음을 깨닫는다. 나도 나무 죽이기의 공범자라는 깨우침 때문이다. 시야를 방해한다는 이유로, 오래된 나무라는 이유로 바람 부는 대문 밖으로 몰아낸 나도 나무를 죽게 한 공범자임이 틀림없다.

새로 심은 철쭉을 본 인부가 싱싱하여 새 맛이 난다고 하며 늙은 석류나무도 바꾸어 버리라고 한다. 그는 나를 새것에 현혹되어 옛것을 쉽게 버리는 인정머리 없는 사람으로 알고 있는 것 같다. 나는 석류나무를 보호하듯이 앞을 막아섰다. 바꾸지 않을 것이라고 못을 박았다. 나무의 목숨을 다른 사람에게 절대로 맡기지 않겠다고 다짐을 하며 돌아가는 인부 뒤에서 대문을 쾅 닫았다.

석류나무를 올려다본다. 끝가지가 하늘에 닿아있다. 오래된 석류나무는 우리가 견주어볼 수 없는 높은 키로 하늘의 세계를 누리고 있다. 문득 이런 말을 하고 싶은 마음이 들었다.

"죽은 나무에게도 빛나던 시절이 있었지요. 순결한 꽃, 도도한 잎, 높이 솟아오르던 나무의 몸, 그런 빛나던 때가 있었지요. 좁쌀 같은 인간의 변덕이 은혜로운 옛일을 잊어버리고 말지요. 근원도 잊어버리지요. 옛 것과 새 것, 과거와 미래, 시작과 끝남, 그 공존의 조화를 깨뜨리고 말지요. 무엇보다 두려운 것은 나도 늙어가고 있다는 사실을 망각하는 일이지요."

나는 이 말을 제일 먼저 나 자신에게 들려주고 싶었다. 죽어버린 나무에게도 사죄하듯 해보고 싶었다.

내가 문 밖으로 밀어낸 나무, 그 나무가 우리 집 울타리 안에서 이십 년을 함께 살아온 목련나무이다. 꽃을 피워 올릴 때마다 손뼉치고 환호하며 칭송하던 흰 목련 나무이다.

선화 어머니께

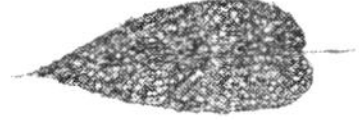

다시 탄광촌에 왔습니다. 시커먼 땅과 강물은 사라지고 광부들의 모습도 보이지 않습니다. 석탄박물관 앞에는 관람자들로 붐비고 있습니다. 선화 어머니, 긴 세월이 흘러갔군요. 지금 어느 하늘 밑에서 살고 있는지요. 이 탄광촌을 기억하고 있는지요.

젊은 시절, 우리는 이곳에서 만났었지요. 먼 타국에 가 있는 남편과 떨어져 그곳 학교에서 근무할 때였습니다. 막막한 기다림에 싸여 있는 나에게 나의 아이들과 학교와 학생들은 기쁨이고 위로였습니다. 그리고 당신과의 만남도.

어느 봄날의 장터였지요. 산골 할머니가 팔고 있는 봄나물 앞에 주저앉았습니다. 봄나물 앞에는 나뿐 아니고 어떤 여자도 있었습니다. 어떤 여자가 바로 당신이었습니다.

봄나물은 씀바귀 종류였던 것 같습니다. 앉은뱅이, 머슴둘레, 보리뱅이, 하며 나물들의 속명을 함께 불렀던 기억이 나는군요. 갈림길에서 우리는 정식으로 인사를 나누었지요. 당신은 선화 엄마로, 나는 은아 엄마로. 당신은 광부의 부인이라고 했습니다. 나는 남편에 대한 이야기를 하지 않았습니다. 독일, 박사공부, 이런 말을 남편이 심한 육체노동을 하고 있는 당신 앞에서 할 수가 없었습니다.

주일이면 우리는 성당에서 자주 마주쳤고 당신 곁에는 남편이 서 있곤 하였지요. 시커먼 작업복과 검은 석탄가루가 얼굴에 묻어있는 광부의 모습은 상상이 되지 않았습니다.

우리가 함께 들판으로 갔던 날들이 기억납니다. 봄이면 봄나물을 캐러, 가을이면 들꽃을 꺾으러 갔었지요. 그러나 봄나물 곁에서, 들꽃 곁에서 이야기만 하다가 돌아오곤 하였지요. 가슴속 말들을 토해내곤 하였지요. 광산에서 다이너마이트 폭발음이 울리면 당신은 "아, 괴로운 소리." 하며 귀를 막아버리곤 하였습니다.

어느 날 밤에 당신이 집에 왔습니다. 남편이 야간작업을 하기 때문에 놀러 왔다고 했습니다. 당신은 그날, 나의 가족사진도 보고 남편이 보내준 항공봉투도 보았습니다.

공부를 하고 있다는 사실도 알게 되었습니다. 그때, 당신은 자기 남편도 공부를 했던 사람이며 소설가를 꿈꾸고 있다고 말해주었지요. 부모가 반대한 결혼 때문에 공부도 미루고 가족과의 관계도 끊어졌다고 했지요. 생계의 수단으로 시작한 장사가 몽땅 실패를 하여 탄광촌으로 왔다고 하였지요. 그리고 당신은 남편에게 혹 같은 존재라고 슬픈 얼굴로 말을 했습니다.

돌아갈 때 책을 빌려갔습니다. 드라이서의 「아, 제니이」입니다. "아, 소설책" 하며 책을 품에 껴안던 모습이 생각납니다. 일주일 후 책을 갖고 왔습니다. 남편도 읽었다고 하며 남편이 소유하고 있던 책 한 권을 내게 빌려 주었습니다. 헤르만 헷세의 「차륜 밑에서」이었던 것 같습니다.

그날 밤, 우리는 소설 속의 애절한 사랑이야기를 많이 하였지요. 당신들의 불꽃같았던 연애 이야기도 들었지요. 갑자기 탄광 쪽에서 사이렌이 울렸습니다. 당신은 황급히 아이를 업고 뛰쳐나갔습니다. 탄광 사고가 생기면 울리는 사이렌소리라고 했습니다. 나는 그때, 목숨을 건 광부들의 위험한 삶과 탄광촌의 비애와 고통을 깊이 실감하였습니다.

그 후, 겨울방학을 하여 아이들과 나는 칙칙폭폭 기차를 타고 본가로 돌아왔고 방학이 끝나 다시 기차를 타고 그곳으로 갔습니다. 그러나 당신은 없었습니다. 방문 사이에 끼어 둔 쪽지에는 남편을 따라 바다로 간다고 적혀 있었습니다. 선원이 될지 어부가 될지는 아직 미지수라고 했습니다.

사람들은 당신들을 두고 "절대로 광부노릇을 할 수 없는 남자." "언제나 웃기만하는 바보 같은 여자." 하며 흉을 보았습니다. 나도 "절대로 뱃사람이 될 수 없는 남자." 라고 마음속으로 덧붙였습니다.

소설가를 꿈꾸며, 깊은 밤까지 책을 읽고 있는 사람, 책장을 넘기던 손으로 어떻게 막장 안에서 석탄더미를 향해 날카로운 곡괭이를 휘두를 수 있으며 어떻게 바다의 거친 파도와 대결할 수 있겠습니까. 당신의 햇살 같은 미소가, 그 바보 같은 웃음이 낯선 땅에서 자신을 지키는 무기인 것을 사람들이 어찌 알 수 있었겠습니까.

선화 어머니, 이 호칭밖에 당신의 이름도 내력도 모릅니다. 그러나 우리가 동무가 되었다는 것, 들판을 함께 돌아다녔다는 것, 많은 이야기를 나누었다는 것, 이런 일들 때문에 삭막한 탄광촌 생활에도 가슴 속에는 꽃도 피고, 별도 떠올랐을 것입니다.

지고지순한 사랑을 하고 봄나물에게 손을 내밀며 웃고

있던 여자, 그리고 사슴 같은 남자, 새벽기차를 타고 미지의 바다를 향해 가버린 당신들. 당신들은 바로 한 자락 자유로운 바람이 아니었을까요. 계산과 타산의 지배에서 벗어난 순수가 아닐까요. 그래서 당신들의 삶은 한없이 자유롭고 또 한없이 고달픈 것이 아닐까요.

세상은 변하였고 우리도 변했습니다. 그러나 탄광촌의 거친 풍경이 따뜻한 봄날로 기억이 되듯이, 맑은 산바람 소리가 그때와 변함이 없듯이, 당신도 흰 얼굴과 흰 손, 또 바보 같은 웃음을 그대로 간직한 여자로 보존이 되었으면 좋겠습니다. 당신은 내가 이 세상에서 만난 무공해의 풀이요 꽃이기 때문입니다.

아욱국

길에서 돈을 주웠다. 버스 정류장 옆, 전봇대 밑에 동전 두 개가 떨어져 있다. 임자 없는 돈을 보는 순간 가슴이 두근거렸다. 몸을 굽혀 동전 두 푼을 집어 올렸다. 오백 원짜리와 백 원짜리가 각각 한 개였다.

버스에 올랐다. 그때 나는 우리 집 채소밭에 뿌릴 씨앗을 사러 서문시장에 가는 길이었다. 손에는 여전히 동전이 쥐어져 있었다. 포켓에 집어넣기엔 왠지 꺼림칙하였다. 횡재를 한 기분보다는 무언가 남의 것을 움켜쥐고 있는 것 같은 느낌이 들었다.

시장 들머리에 채소의 씨앗을 팔고 있는 노인이 보였다. 나는 아직도 씨앗의 종류를 구별하지 못한다. 어떤 것이 상추씨이고 쑥갓씨앗인지, 또 어느 것이 배추씨이고, 무씨인지 아무리 보아도 알 수가 없다. 마당 한쪽에 일구어 놓은 작은 채소밭을 생각하며 씨앗들을 조금씩 샀다. 마지막 아욱씨를 살 때는 길에서 주운 돈을 내밀었다.

씨앗을 땅에 뿌렸다. 배추씨도 뿌리고 상추씨도 뿌렸다. 쑥갓씨앗 옆에 아욱씨도 뿌렸다. 주운 돈 육백 원어치의 아욱씨는 여섯 자 정도 길이의 밭이랑을 채워주었다. 길에서 주운 공짜 돈으로 수확한 아욱국을 생각하니 맛이 있을 것 같기도 하고 그렇지 않을 것 같기도 했다. 따뜻한 햇볕과 자주 내린 비 때문인지 땅 속에 묻힌 씨앗들이 이내 싹을 피워 올렸다. 잎을 너풀거리며 푸르고 싱싱하게 자라났다.

하루는 놀러온 이웃에게 상추를 솎아 주며 길에서 주운 돈 이야기를 하였다. 그 돈으로 씨앗을 사다 심은 것이라고 하며 아욱 잎도 한 움큼 뜯어주었다. 그는 '배추 한 단 값도 안 되는 그까짓 작은 돈' 하며 다음에는 더 많은 돈을 주워 큰 나무를 사다 심으라고 했다. 나는 예사롭게 하는 그의 뒷말이 마음에 걸리었다. 공짜 돈, 공짜 채소, 공짜 나무, 차라리 땅에 떨어져 있던 동전 두 푼을 본체만체할 것을, 무언가 부끄러운 일을 내가 저지른 것 같은 기분이 들었다.

어느 날, 외출에서 돌아올 때였다. 우리 집 대문이 보이는 골목길로 들어섰다. 은은한 꽃향기가 났다. 담 위에 올라앉아 있는 금은화 향기이다. 인동초라고도 불리는 약초는 금빛과 은빛으로 꽃을 피우며 온 힘을 다해 향기를 뿜어내고 있었다.

젊은 남녀가 담에 붙어 서서 꽃가지를 꺾고 있다. 그들은 꺾은 꽃을 여자의 머리채에 꽂기도 하고 남자의 앞 포켓에 끼우기도 하였다. 처음에는 우리 집 꽃을 훔치는 그들의 행위가 괘씸한 마음이 들었다. 하지만 문득, '책 도둑과 꽃 도둑은 도둑이 아니다.' 하는 옛말이 생각났다. 꽃을 탐하는 마음, 꽃을 곁에 두고 싶은 마음, 꽃같이 살고 싶은 마음은 모든 인간이 지니고 있는 아름다운 욕망이기도 하다.

나는 골목 끝에서 걸음을 멈추고 그들이 꽃을 꺾어갈 기회를 주었다. 큰 선심을 베풀 듯이 가만히 있었다. 이윽고 젊은 연인들은 꽃가지를 깃발처럼 흔들기도 하고 코끝에 대었다가 떼었다가 하면서 우리 집 금은화 곁을 떠나갔다. 젊은 꽃 도둑들은 당당하게 골목을 빠져나갔다.

대문 안으로 들어섰다. 집안에도 금은화 향기가 한창이었다. 금은화 곁으로 다가갔다. 꽃가지를 꺾었다. 그리고 꽃 도둑들의 흉내를 내듯이 하나는 머리에 하나는 앞 포켓에 꽂았다. 그렇게 나도 젊은 연인들의 흉내를 내어보았다.

저만치 푸른 잎을 너풀거리고 있는 아욱 밭이 보였다. 다가갔다. 길에서 주운 돈으로 심은 아욱인데도 기가 죽지 않고 잘 자라고 있었다. 문득 우리 집 금은화를 훔친 꽃 도둑들을 눈감아준 나의 행위와 길에 떨어져 있던 남의 돈을 손에 쥔 나의 행위가 서로 상쇄되어 버린 것 같은 기분이 들었다.

오늘 저녁에는 흰 쌀뜨물에 된장을 풀어 끓인 시원한 아욱국 한 그릇을 마음 편하게 먹을 수 있을 것 같다.

양지꽃과 동무하다

두 손목이 골절되었다. 병원에 가서 깁스를 하고 돌아왔다. 혼자 옷을 입는 것도 숟가락질을 하는 것도 힘이 들었다. 글을 쓰는 일은 더욱 불가능했다. 양쪽 팔을 어깨띠에 매단 채 일상의 일들을 바라만 볼 뿐 아무 짓도 할 수 없다. '바보가 따로 없구나.' 하는 생각이 들었다.

봄이 오기를 애타게 기다렸다. 꽃을 보기 위해서이다. 그것만이 나의 유일한 낙(樂) 같았다. 봄이 되었다. 나무의 순이며 새싹들이 돋아나고 작년에 심은 헛개나무며 엄나무도 살아났다. 땅에는 짚신나물, 매발톱도 솟아올랐다. 그것들 곁에 갈 때마다 "내 손으로 너희를 심고 가꾸었단다." 하며 생색을 내었다. 지금은 아무것도 할 수 없는 바보가 되어버렸지만 나의 힘을 한 번 뽐내 보고 싶었다.

양지꽃이 피었다. 양지꽃의 개화를 더욱 기다린 것은 땅 속에 묻힌 뿌리가 겨울동안 얼어죽었을까, 살았을까 하며 가슴을 졸였기 때문이다. 양지꽃은 지난해에 우리 집으로 왔다. 그 해 봄, 아이들 삼촌이 저 세상으로 갔다. 그의 모습이 자꾸만 눈에 밟히었다. 어른이 되었을 때의 모습도, 병이 들었을 때의 모습도 아니고 시댁에서 함께 살았던 학생 시절의 모습이었다. 학생복을 입고 머리 위에 삐딱하게 교모를 쓴 늠름하고 멋이 있는 모습이었다.

그날도 남편과 나는 옛 이야기를 하기도 하고, 또 입을 다물기도 하면서 들판을 걸었다. 갑자기 눈앞이 환해졌다. 양재기 크기만 한 꽃 무더기가 밭두렁 위에 엎드려 있다. 나는 '아, 노란 꽃.' 하고 꽃 옆에 주저앉았다. 이런 순간을 두고 눈이 맞았다고 하는 것일까. 한눈에 반했다고 하는 것일까.

밭에서 일을 하고 있는 농부에게 "꽃 이름이 무엇인가요. 꽃 임자가 누구인가요." 하고 물었다. 농부는 일손을 놓고 친절하게 대답해 주었다. "양지꽃이라고도 하고 쇠시랑개비라고도 하지요. 해마다 저절로 피고 지는 들꽃이 무슨 임자가 있겠어요." 했다.

그러고 보니 여기저기 임자 없는 나무며 꽃들이 많이

있었다. 들찔레 덤불도 보이고 바위를 감고 올라가는 마삭줄도 보였다. 임자 없는 이런 존재들은 바람이 불 때마다 몸을 흔들기도 하고 햇살을 받아 반짝반짝 빛을 내기도 했다. 그것들을 보고 있노라니 땅 속에 묻힌 사람도 다시 소생할 수 있다면, 들꽃처럼 다시 꽃을 피울 수 있다면 얼마나 좋을까 하는 생각이 들었다.

농부가 빌려준 호미로 양지꽃을 캐었다. 주인 없는 들꽃 한 포기를 캐어내기 위해 땅으로 고개를 자꾸 숙였다. 꽃을 들어 올렸다. 농부가 뿌리에 붙어있는 흙도 갖고 가서 함께 묻으라고 한다. 나는 황토에 파묻힌 양지꽃을 보듬고 오며 "이제 내가 네 임자이다."라고 말해 주었다.

그때 심은 양지꽃이 꽃을 피웠다. 임자로 자처하던 나는 부러진 뼈 때문에 바보가 되었는데 양지꽃은 옮겨온 땅에서도 당당하게 살아나고 있다. 요사인 자주 양지꽃 곁으로 간다. 꽃 곁에서 들꽃의 의지를, 들꽃의 아름다움을 보고 또 본다. 어떤 때는 땅에 붙어 옴짝달싹도 할 수 없는 양지꽃의 부자유와 망가진 손 때문에 아무 짓도 할 수 없는 나의 무능력이 같은 신세인 것 같아 동류의 의식을 느끼기도 한다.

오늘도 나는 나무와 풀과 꽃과 함께 빈집에 남겨졌다.

하도 심심하여 그것들에게 말을 한다. 매화나무 곁에 가서는 "향기가 백리까지 가겠다." 하며 호들갑을 떨고 아직 잎이 나지 않는 대추나무 옆에서는 "죽었니. 살았니." 하며 팔 대신 발로 나무를 툭툭 건드려 본다. 양지꽃 곁에 가면 땅에 주저앉는다. 그리고 "너는 내 동무이다."라고 말해준다.

며칠 후면 팔목의 깁스를 모두 풀 것이다. 칠 주간 동안 꼼짝도 못하고 어두움 속에 갇혀있던 나의 팔, 먼저 무슨 일을 할까. 제일 하고 싶은 것은 자유로워진 손으로 나의 동무인 양지꽃의 몸을 만져보는 일이다. 묶여 있던 손목을 햇볕에 내밀며 함께 아픔을 견디어온 나의 육신에게 감사해 하는 일이다.

앞으로 나는 양지꽃의 임자 노릇을 하고 싶은 마음은 추호도 없다. 양지꽃의 진정한 주인은 하늘과 땅과 바람이기 때문이다.

열쇠의 힘

열쇠 세 개가 줄에 매달려 있다. 하나는 대문 열쇠이고 하나는 현관문 열쇠, 또 한 개는 나무문 열쇠이다. 우리는 나무문을 속문이라고 부른다.

대문, 바깥 현관문, 속 현관문 등 세 개의 열쇠가 문을 열어 주어야 집안으로 들어갈 수 있다. 반대로 세 개의 열쇠가 문을 모두 잠가 주어야만 마음 놓고 외출을 할 수 있다. 말하자면 세 개의 열쇠에 의지하여 집으로 들어갈 수도 있고 또 집 바깥으로 나갈 수 있는 것이다. 작은 쇠붙이 때문에 행동이 제약을 받고 있다.

외출에서 돌아올 때면 손에 들고 있던 짐을 땅에 내려놓고 열쇠만 쥐고 대문 앞에 선다. 세 개의 열쇠 중 제일 작은 것이 대문 열쇠이다. 문을 열고 들어서면 먼저 건물이 보인다. 집 모양도, 지붕도, 창문도 모두 구식이다. 마당에 있는 나무들도 나이가 많다. 우리 집에는 오래된 것으로 가득 차 있다.

두 번째 열쇠로 바깥 현관문을 연다. 한 달 전, 이 문이 말썽을 부린 적이 있었다. 열쇠를 이리저리 돌려보아도 문이 열리지 않았다. 손으로 문을 탕탕 때려 보았지만 소용이 없었다. 시장에서 들고 온 음식물이 상할 것 같아 조바심이 났다. 휴대폰으로 열쇠 수리공을 불렀다. 즉시 달려온 기술자는 헌 장치를 뜯어내고 새 장치를 달았다. 젊은 기술자는 능숙한 솜씨로 낡은 것과 새것을 교체하였다.

그는 새 열쇠를 주며 오래된 것은 손에 익어 편하겠지만 새것은 사용할 때 요령이 필요하다고 했다. 손끝에 힘을 빼고 달래듯이 살짝 움직이라고 말했다. 나는 '힘을 빼고, 달래듯이, 살짝'이라는 말의 뜻이 쉬운 것 같기도 하고 매우 어려운 것 같기도 했다.

헌 열쇠를 책상서랍에 넣었다. 서랍 속에는 부서진 것, 오래된 것이 많이 들어 있다. 못 쓰는 카메라, 부러진 안경테, 닳아빠진 지갑과 옷에 붙어있던 짝 잃은 단추들, 모두 나의 몸에 밀착되어 있던 것들이다. 손때가 묻은 이것들도 세월이 지나면 잊혀질 것이고 새 열쇠만이 손끝에서 간들거릴 것이다.

놋쇠로 만든 열쇠가 속문인 나무문 열쇠이다. 사실은 나무문이 본래의 우리 집 현관문이었다. 집이 완성된 후 건축업자가 "당신 집이요." 하며 문 열쇠를 건네주었다. 열쇠와 나는 한 날 한 시에 입주를 한 셈이다. 몇 년이 지나자 아무리 보아도 나무로 만든 현관문이 미덥지가 않았다. 누군가가 발로 차면 꽝하고 넘어져 버릴 것 같았다.

궁리를 한 우리는 쇠로 된 현관문을 하나 더 만들기로 하였다. 나무문 바깥에 벽돌 기둥을 세우고 지붕을 만들고 철문을 달았다. 나무문은 겸손하게 안으로 들어가 버리고 새 문이 정면에 나섰다. 십장생 문양이 부각된 철문을 보니 마음이 든든하였다.

며칠 전이었다. 외출 준비를 마치고 문을 잠그기 위해 열쇠를 찾았다. 손에 잡히지 않았다. 핸드백, 책상 서랍, 옷의 호주머니, 심지어 싱크대 안까지 살폈지만 감쪽같이 없어지고 말았다. 열쇠를 찾을 때까지는 집을 비울 수 없다. 그때 나는 내가 얼마나 깊이 열쇠를 신뢰하고 있었던가를, 또 내가 작은 열쇠에 비해 얼마나 무력한 존재인가를 깨달았다.

문을 잠글 수 없어 밖으로 나가지 못하는 지금, 나는

참 한가하다. 바깥세상과의 약속을 모두 취소한 채 칩거의 한유함을 누리고 있다. 아무리 둘러보아도 낡은 것, 오래된 것밖에 없는 우리 집, 무엇을 지키기 위해 나는 빈집에 웅크리고 있는 것일까.

앞산을 올려다본다. 지금은 늦가을, 곧 겨울이 올 것이고 머지않아 산은 흰 눈에 파묻힐 것이다. 다시 눈이 녹고, 꽃이 피고 또 꽃이 지고, 이런 계절의 왕래를 묵묵히 보고 있는 앞산, 나는 천년만년 끄떡도 않는 산을 고개를 들고 우러러 본다.

산 밑 동네에서 우리가 흘러 보낸 봄, 여름, 가을, 겨울의 되풀이가 어느새 스물일곱 번이나 지나갔다. 집터를 구하러 다니던 때의 설렘, 집을 지어 올릴 때의 기쁨, 새 집에서의 안락함, 그리고 아이들의 말소리, 웃음소리, 발자국소리 등 그때의 왁자했던 기분이 다시 되살아난다. 손님을 맞이하고, 음식을 만들어 빈객을 접대하고, 또 떠나보내고 하던, 즐거웠던 행위들이 다시 그리워진다. 그때가 인생의 한창 때였구나. 그 시절이 삶의 절정이었구나 하는 생각이 든다.

창밖으로 붉게 물든 단풍나무며 감나무가 보인다. 나무 사이로 아주까리와 푸른 아욱대가 어른거린다. 며칠 전,

외출에서 돌아왔을 때 소지품만 집안에 밀어 넣은 채 옷을 입은 그대로 아욱 밭으로 갔던 생각이 난다. '가을 아욱국은 대문을 잠그고 먹는다.'는 옛말을 떠올리며 시들어가는 아욱 잎을 한 잎 두 잎 손으로 땄던 기억이 난다. 그때 호주머니 속에서 짤랑거리며 소리를 내던 열쇠의 움직임이 되살아난다.

급히 아욱밭으로 달려갔다. 아, 거기 반짝이는 물체, 열쇠였다. 내가 맛있는 아욱국 생각에 허둥대면서 잎사귀를 따고 있던 사이, 불어오는 늦바람 속에서 겉옷 자락을 펄럭이고 있던 사이. 혼자 땅에 떨어진 열쇠는 집 바깥에서 사흘 밤낮을 보내었다. 밭에서 주워 올린 열쇠를 두 손으로 감싸며 붙어있는 흙을 겉옷으로 닦았다. 옷에 흙이 묻는 것쯤은 아무것도 아니었다. 이윽고 세 개의 열쇠는 나의 손길에 의해 따뜻해지고 나는 그것들을 주머니 깊숙이 넣었다.

내일쯤 나는 아욱국 한 그릇 듬뿍 먹고 사람들을 만나러 다시 집을 나설 것이다. 경쾌한 휘파람을 불듯이 찰각찰칵 소리를 내며 문을 잠근 후, 열쇠와 함께 소슬한 하늘 밑을 걸어갈 것이다. 골목 끝에 서서 세 개의 열쇠가 꼭꼭 잠가준 오래된 집을 한번 돌아볼 것이다.

오막살이집 한 채

늦가을에 집을 나섰다. 스산한 기분에 젖어 바다로 갔다. 바다는 여전히 차갑고 음울하였다. 더 깊은 우울을 안고 바다를 떠났다. 돌아오는 길, 높고 험한 구슬령을 넘었다. 산속에서 비바람을 만났다. 천둥번개도 만났다. 거친 세력 속을 전전긍긍해 하며 지나왔다. 자동차의 좁은 공간에 갇혀 멈추었다가 움직였다가 하며 산을 내려왔다.

비가 그쳤다. 하지만 바람은 여전하였다. 사람들이 살고 있는 인가를 찾았다. 산비탈에 있는 집이 보였다. 오막살이집 한 채였다. 지붕 위로 연기가 솟아올랐다. '아, 따뜻한 기운' 이런 말이 절로 나왔다. 사람들이 보였다. 모락모락 올라가는 연기와 사람의 움직임, 반가웠다. 그쪽으로 갔다. 우리를 보고 "지나가는 길손이군." 하며 늙은 남자가 말했다. "이런 궂은 날씨에 구슬령을 넘어오다니, 쉬었다 가소." 이 말은 여자가 한 말이다.

집을 둘러본다. 방 한 칸, 부엌 한 칸, 헛간 한 칸, 헛간 옆에 붙어 있는 토방 한 칸, 작은 집이다. 토방 옆에 백양나무 한 그루도 서 있다. 평상에 앉기를 권한다. 평상 위에는 가을 작물이 널려있다. 우리는 늙은 호박과 익은 옥수수와 빛깔 좋은 고추와 나란히 앉았다. "어디서 와서 어디로 가는 길이요?" 노인이 묻는다. 남편이 "바다를 구경하고 돌아가는 길이요." 하며 덧붙여서 "공기가 맑은 산속에서 지내면 건강에도 좋고 오래 사시겠어요." 하였다. 노인은 "몸에는 좋지만 사람이 그립지요." 했다.

"도시에서 살았지요. 도시에서 늙고 병들었지요. 고향으로 돌아왔지요. 그러나 자식들은 따라오기를 거부했지요. 큰아들은 백암산 넘어 동해 바다로 가서 배를 타는 선원이 되고 둘째는 영양 장터에서 고추 장사를 하고 있지요. 지금은 늙은이 둘만 남았지요." 한다. 둘만 남았다는 말에 동류의 의식을 느낀다. 그렇다. 우리도 둘만 남은 허전함을 위로 받고 싶어 산과 바다를 찾아다니고 있는 것이 아닌가.

불을 때고 있는 안노인 곁으로 갔다. 부뚜막에 걸린 무쇠 솥에서 허옇게 김이 오른다. 옥수수를 찐다고 했다. 부억 안에는 그릇을 얹는 살강도 있고 불을 담는 놋쇠 화로도 있다. 나는 "아, 무쇠 솥, 살강, 놋화로." 하며 그것들의 이름을 불러대었다. 아궁이 앞에 앉아 부지깽이로 불을 때 보았다. 몸과 마음이 따뜻해진다. 험준한 산 속에서의 방황, 비바람의 차가움, 천둥번개에 대한 두려움이 없어진다. 나를 엄습했던 우울도 사라진다.

평상에 걸터앉아 옥수수를 먹었다. 남편과 나는 옥수수를 두 자루씩이나 먹었다. 나는 손가방 속에서 땅콩 캐러멜 봉지와 비스킷 두 통을 모두 꺼내어 그들에게 주었다. "이 귀한 것을." 하며 받는다. 옥수수를 얻어먹고 아이들처럼 과자를 건네고, 허물없는 사이가 되었다.

일어서는 우리를 보고 "또 오소. 자주 오소." 한다. 나도 오고 싶다. 계절마다 찾아와서 봄빛으로 둘러싸인 외로운 집도 보고 천지를 지배하고 있는 여름 신록도 보고 옷을 벗고 있는 백양나무의 가을 모습도 보고 싶다. 그리고 겨울, 산속 외딴 집에 칩거하고 있는 노(老)부부들의 절대적인 고독, 그 무서운 고독을 우리도 한 번 껴안아 보고 싶다. 무엇보다 보고 싶은 것은 이런 계절의 왕래를 오막살이집이 어떻게 감당하고 있는가를 보는 일이다.

결심을 한다. 겨울이 오면 다시 이곳에 오자. 눈이 내릴 듯한 하늘 밑을 지나 오막살이집을 찾아오자. 헛간 옆에 붙어있는 토방 한 칸 빌려 우리도 겨울 산천에 갇혀 있어보자. 긴 군불 작대기로 군불을 때며 건너편 산이 흰 눈에 파묻혀 가는 모습을 아득하게 바라보자. 날이 저물면 어둠은 봉창 밑까지 밀려들 것이고 산비탈을 훑고 지나가는 밤바람 소리와 산골짜기에서 울고 있는 짐승의 소리도 들릴 것이다. 나는 촌부처럼 토방에 기대어 그 태고의 소리를 귀로 들을 것이다. 마침내 나는 평생 동안 쫓아다녔던 문명이며 문화, 그런 날들의 분주함과 피곤함을 떠올릴 것이다. 그리고 허망함도.

다시 만난 오두막집 양주와 우리는 무슨 말을 주고받을까. 그들은 씨 뿌리고 열매 맺는 농사 이야기와 멀리 있는 자식들 이야기를 할 것이다. 나도 그리운 자식들 이야기를 꺼낼 것이다. 드디어 우리는 "자식은 울이고 담이지요." "그들이 낳은 손자 손녀들의 기쁨과 아픔까지 우리 어깨에 실리고, 그래서 자식은 끊어질 수 없는 질긴 끄나풀 같은 것이지요." 이런 결론을 내릴 것이다.

그날 밤, 나는 뜨끈뜨끈한 방바닥에 등을 붙이고 편한 잠을 늘어지게 자 보리라. 짐을 내려놓은 길손처럼 완벽한 휴식을 취하리라. 그러고 보니 그 오막살이집 한 채는 이 세상에서 소멸된 나의 친정집 같기도 하다.

이팝나무 밑에서 밥을 먹다

한 달 동안 꽃 속에서 살았다. 매화가 피고지고, 산수유 꽃이 피고지고 앵두꽃이 피고 졌다. 양지꽃도 피고 졌다. 분홍 목단이 꽃 댕기처럼 피어나더니 닷새가 지나자 색이 변하여 갔다. 열흘 붉은 꽃이 없다는 말이 생각났다. 꽃은 피어나서 황홀하고 이울기 때문에 쓸쓸하다. 유정한 꽃. 유정한 봄날이 마음을 아프게 한다.

며칠 전부터 '이팝나무 꽃이 피었다.' 하는 소문이 들려왔다. 꽃구경을 나섰다. 조급증 때문에 아침밥을 먹는 것도, 몸치장을 하는 것도 잊어버렸다. 식탁 위에 있는 밥과 반찬으로 도시락을 쌌다. 흰 쌀밥에 무말랭이 무침, 멸치 볶음을 통에 담았다.

앞산 순환도로에 갔다. 가로수의 어린 이팝나무가 꽃을

달고 있다. 빈약하다. 늠름한 장년의 나무로 자라기까지 오랜 세월이 걸릴 것이다. 큰 나무를 찾아 산으로 갈까, 들판으로 갈까, 궁리를 하였다. 문득 자인 성당에 있는 오래된 이팝나무가 생각났다.

거목인 그 나무를 처음 만난 것은 육년 전, 성당의 신부님을 찾아 갔을 때였다. 시인이기도 한 본당 신부님이 이팝나무 이름을 일러 주었다. 자인 성당으로 갔다. 꽃을 피운 이팝나무가 눈부시게 서 있다. 바람 따라 흔들리고 있는 꽃송이들, 구름 떼 같았다. 정오의 햇빛을 받은 흰 꽃의 넉넉한 모습이 사기그릇에 담긴 쌀밥처럼 보였다. 갑자기 배가 고팠다.

우아한 거목과의 만남, 아름다운 꽃과의 만남이 이루어진 지금, 꽃의 형상을 보고 흰 쌀밥을 연상하다니, 배고픔을 느끼다니, 정결한 꽃 앞에서 조금 부끄러웠다. 이팝나무에 얽힌 전설이 생각났다. 밥과 굶주림에 관한 슬픈 이야기이다.

이팝나무 밑에 점심상을 펼쳤다. 나는 밥 한 숟갈 입에 넣고 꽃 한 번 쳐다보고 반찬 한 젓갈 집어먹고 꽃 냄새를 맡으며 식사를 끝냈다. 무말랭이 맛을 볼 때는 잘게 쓴 무를 가을볕에 건조시키며 먹을거리를 준비하던 옛 어머니가 생각났다. 젓가락으로 멸치 볶음을 집을 때는 멸치에 붙어있는 작은 눈이 자꾸 보였다. 황토밭과 무, 바다와 멸치, 넓은 황토밭과 푸른 바다 위에 어른거렸을 농부와 어부의 고달픈 모습도 떠올랐다.

논에 못자리가 만들어질 즈음의 늦은 봄날, 보릿고개를 넘긴 사람들 눈에는 이팝나무 꽃송이가 사발에 담긴 흰 쌀밥처럼 보였을까. 긴 봄날의 배고픔이 밥 한 그릇에 대한 갈망으로 정신을 어지럽게 하였을까.

일곱 살 정도의 여자아이 둘이 성당 마당으로 들어온다. 손에 보리쌀로 만든 조리퐁 과자와 새우깡 한 봉지가 들려있다. 아이들은 이팝나무 꽃을 본체만체 하며 바삭바삭 과자를 먹어댄다.

아이들에게 이팝나무 꽃 이름을 물어보았다. "하얀 꽃." 하며 간단하게 대답을 한다. 그렇다. 아이들 눈에는 흔히 볼 수 있는 흰색의 꽃으로만 보일 뿐 쌀밥에 얽힌 꽃의 슬픈 이름이며 배고픔 같은 아픈 내력은 알 길이 없을 것이다.

아이들이 빈 과자봉지를 흔들며 뛰어 다닌다. 그들의 활기찬 모습을 보며 언제나 배가 고팠던 옛 아이들을 생각한다. 긴 봄날의 비애를 떠올린다. 아카시아 꽃을 따먹던 아이들, 찔레 순을 꺾어먹던 아이들, 논에서 올비를 캐어먹던 옛 아이들이 기억난다. 군데군데 마른버짐이 피어있던 아이들의 낯빛과 들바람에 풀썩거리던 거친 머리카락이며 무명치마 밑으로 보이던 빼빼마른 종아리들이 생각난다. 그리고 논두렁 밭두렁을 걸어 이팝나무 밑으로 갔을 옛 농부들의 마음을 헤아려 본다.

농부들은 이팝나무 꽃송이를 보고 한 해의 벼농사를 점쳤다고 했다. 꽃이 풍성하게 달려있으면 풍년이고 빈약하면 흉년이 든다고 믿었었다. 그들은 이팝나무 아래에서 한가하게 꽃구경을 한 것이 아니고 삶의 절박한 심정으로 꽃을 보았을 것이다.

이팝나무 꽃을 올려다본다. 오늘의 꽃구경, 그 의미를 생각한다. 희고 작은 꽃이 어울려 보여주는 순결한 기쁨, 만개한 꽃 밑에서의 배고픔, 이팝나무 높은 꼭대기에 걸려있는 흰 구름 떼의 움직임, 그것이 환희였을까. 고통이었을까. 구름과 같은 자유로움이었을까 알 수가 없다.

형산강을 따라가다

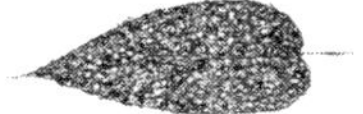

강을 따라갔다. 강의 끝에 바다가 있다고 했다. 처음 만나는 강이고 처음 만나는 바다이다. 바다가 가까워질수록 강폭은 넓고 물은 깊었다. 강둑에는 갈대가 무리지어 있었다. 옆자리의 노인에게 강의 이름을 물었다. 그리고 내가 찾아가는 여학교의 위치도. 노인은 "새로 부임하는 선생님이네. 꽃 같은 시절이다." 하였다 그때 듣게 된 강의 이름이 형산강이었다. 그렇다. 꽃 같은 이십 대 초에 나는 포항의 여학교에서 미술교사의 첫발을 내딛었다.

처음 부임하던 날을 잊을 수 없다. 교문 앞에서 갑자기 걸음을 멈추었다. 학도병 전몰 기념의 나무 표지가 서 있었다. 소문으로만 들었던 학도병의 치열한 전투, 그 지역이 여기였던가. 나는 제자들과 만나기 전에, 학도병들의 슬픈 흔적과 먼저 만났었다.

타관에서의 외로움을 강과 바다와 학생들이 위로해 주었다. 학생들은 "선생님, 선생님" 하고 내게 달려왔고 그들과 함께 강에도 가고 바다에도 갔었다. 강의 그림과 바다 그림을 많이 그렸다. 어느 가을, 형산강 둑에 앉아 갈대의 전설을 말해 주었다. 어쩌자고 감수성이 예민한 여학생들에게 슬픈 사랑 이야기를 들려주었을까. 청춘남녀가 강둑을 거닐며 사랑을 하였다. 하지만 남자가 배신을 하고 말았다. 상처받은 처녀는 갈색 머리를 나부끼며 강둑을 배회하였다. 그리고 죽었다. 처녀의 머리카락이 떨어진 곳마다 솟아나온 것이 갈대라고 했다.

학생들은 이야기를 들으며 바람에 흔들리는 갈대를 처녀의 헝클어진 머리카락 같다고 했고 또 어떤 학생은 그런 애절한 사랑을 해보고 싶다고 하였다. 나는 그런 가슴아픈 사랑 대신 영원불변하는 사랑을 해보고 싶었다. 그때 보았던 형산강의 모습, 그때 만났던 제자들, 그리고 수필가이신 한흑구 선생님과 죽도성당의 프랑스 신부님이 생각난다.

한흑구 선생님의 부인은 나와 같은 학교에 근무하셨고 음악을 가르치고 계셨다. 집으로 자주 놀러갔다. 흙으로 지은 집은 따뜻해 보였고 방마다 책이 가득하였다. 한흑구 선생님은 고향의 평양 사투리를 그대로 사용하시며 부인을 부를 때는 "덩(정)분이" 하셨고 나에게도 "덩(정) 선생," 하고 부르셨다. 김장을 할 때도 일을 도우러 갔다. "무우만 댕강 댕강 잘라버리지 말고 여기 오라우." 하시며 우리를 자꾸 방으로 불러 들였다. 그때 들었던 문학 이야기가 오래도록 가슴에 남아 있었다.

지금도 자주 포항에 간다. 첫사랑을 찾아가듯이 설레며 간다. 이제 형산강 둑도 새로 단장이 되고 갈대의 무리도 보이지 않는다. 하지만 기억하고 있다. 젊은 시절에 만났던 형산강의 물빛을, 서걱거리며 쓸쓸한 소리를 내고 있던 갈대의 몸짓을, 밤이면 들려오던 밤바다의 파도소리를 기억하고 있다. 무엇보다도 잊을 수 없는 것은 학교 입구에 서 있던 학도병 전몰의 나무 표지이다.

'故 김춘식 외 학도병 오십 명 전몰 기념' 글자조차 희미한 표지, 전투 속에서 지휘관이 울면서 황급하게 세웠을 나무 표지, 아침저녁 학교에 드나들 때마다 만났던 그 흔적은 마음을 아프게 했고 나는 미술 시간이면 자주 학생들을 데리고 그곳에서 야외수업을 하였다. 학도병의 흔적을 그림 그리게 하였다. 위급한 나라를 지키기 위해 펜 대신 총을 잡은 학도병들의 정신을 말해 주었다. 전쟁이 끝난 후 중학교의 국어 교과서에 실려 있던 모윤숙 시인의 「국군은 죽어서 말한다」라는 시를 들려주기도 하였다.

그리고 글을 썼다. 학도병이 전몰한 땅 위에서 해마다 피고지고 있는 봄꽃을 볼 때도, 바람 부는 날, 옆에 있는 수양버들이 온몸을 흔들며 몸부림을 칠 때도, 또 밤하늘의 별들이 나무 표지 위로 찬란하게 쏟아져 내릴 때도 나는 '전쟁터에서 산화(散花)한 젊은 학도병들의 영혼은 꽃이 되었을까. 바람이 되었을까. 별이 되었을까' 하고 글을 썼다.

이제 높은 산 위에 학도병을 기리는 충혼탑이 세워져 있고 내가 근무했던 여학교의 모습이며 또 학교로 가는 길도 많이 달라져 있다. 한흑구 선생님 부부도. 죽도성당의 프랑스 신부님도 이제 세상에 계시지 않는다. 그러나 잊을 수 없다. 미술반에서 그림을 그리던 학생들의 모습을, 재잘거리며 학교를 향해 걸어가던 소녀들의 신선한 소리를 잊을 수 없다. 그들의 모습은 변하여 있을 것이고 나도 변하였다. 하지만 내가 따라갔던 형산강의 물빛은 아직도 기억 속에 남아있다. 밤바다의 파도소리도 남아있다. 나의 꽃다운 시절에 만났던 학도병들의 꽃다운 죽음도 가슴 속에 남아 있다.

작가 연보

1935년 경남 진주시 장대동에서 아버지 정학용, 어머니 강복란의 장녀로 태어남. 옥봉성당에서 유아 영세 받음(세례명 소화 데레사)

1943년 아버지의 학교 부임에 따라 사봉초등학교 입학. 1949년 남강하류에 있는 대곡초등학교 졸업.. 산골 생활의 육년 간, 그때 만난 산과 들, 강과 나무, 꽃과 풀 등이 문학적 감성의 바탕이 됨

1949년 진주여자중학교 입학, 다음해 육이오 전쟁 발발, 촉석루와 학교가 불타버림. 비봉산 기슭에 있는 비봉루에서 공부함.

1951년 진주여자고등학교 입학. 1학년 5월, 경남일보에 「어머니의 손」 산문이 최초로 활자화 됨. 2학년 가을, 개천예술제에 그림 출품, 첫 전시의 기쁨을 누림

1954년 여고 3학년 10월, 개천예술제(현 영남예술제)에서 시(詩) 장원. 시제는 「국화」 심사위원은 노천명, 유치환, 설창수, 이은상, 이영도 선생님. 종합 문학지 『영문(嶺文)』에서 시 창작활동. 「가두에서」 「갈색의 위치」 「바람」 등 시 발표

1954년 부산사범대학 미술과 입학. 졸업 후 포항여중·고, 김

천여중 · 고, 대구 제일여중 · 고 등 여학교에서 미술교사 지냄 「시영토」 「운석」 「표현」 등 시동인 활동.

1962년 대구 계산동성당에서 오명근과 혼배성사 올림. 장남 석호, 차남 정헌. 장녀 은아 얻다.

1066년 유학차 남편 도구(渡歐) 기다림의 육년간, 편지를 쓰듯이 산문 쓰기에 열중. 그때 읽은 한스 카롯사의 『전쟁일기』 피이터의 『지식의 나무』 린드버그 여사의 『바다의 선물』 등은 산문에 대한 매력을 갖게 함. 시를 쓰는 대신 수필을 씀.

1971년 남편 학위 취득 후, 귀국. 영남대학교 교수로 부임.

1974년 수필 「작은 꽃」 『수필문학』(관동출판사) 지에 발표. 수필 활동을 시작함.

1975년 첫 수필집 『대숲에는 바람소리가』 출간(세음사)

1976년 객원교수로 도구(渡歐)하는 남편을 따라 1년여 비엔나와 프라이부르크 체류. 기행수필 「국경선」 「모자」 「야간여행」 「몽블랑」등 발표

1979년 대구 앞산 밑에 집을 지어 이사함. 옛집에 있던 나무와 돌도 함께 따라옴.

1982년 수필집 『이 세상 한가운데 서 있는 나무』 출간(범우사) 문예진흥원 우수도서로 선정됨

1988년 한국수필문학진흥회 주관 현대수필문학상 수상.

1991년 장녀 오은아 곽동렬과 혼인. 외손자 준영 태어남.

1993년 수필집 『우체국 앞을 지나며』 출간(그루사)

1994년 장남 오석호 이주연과 혼인 맏손자 승현, 손녀 수현 태어남.

1996년 차남 오정현 전주영과 혼인 손녀 지현, 손자 동현 태어남

1998년 수필선집『풍금소리』출간(선우미디어)

1999년 대구시 문화상(문학부문) 수상.
수필집『돌미나리를 찾아서』출간(그루사)

2003년 구라파 체류 3개월간 독일 상뜨 오티리안 수도원. 팟사워의 베네딕또 수도원, 프랑스의 샤르뜨르 수도원, 오스트리아의 크렘스뮌스타 수도원 체류는 높고 그윽한 곳으로의 접근, 삶의 방식, 그 신비를 느끼게 함.

2008년 수필집『강물을 만지다』출간(선우미디어)
수필선집『타관의 풀』출간(좋은수필)

2011년 나무 수필집『은목서 그 맑은 향기』출간(선우미디어)
문예진흥원 우수도서로 선정됨
올해의 수필인상 수상

2013년 신앙수필『은혜로운 날들의 기억』출간(대건출판사)

2015년 수필집『강 이야기 사람 이야기』출간(북랜드)

2017년 수필선집『강물의 끝』출간(소소리)

경력 한국수필문학진흥회 이사
대구문인협회 부지회장
대구가톨릭문학회, 대구여성문학회 회장
대구수필가협회 초대회장

현재 한국문인협회, 대구수필가협회, 대구가톨릭문학회, 남강문학회 회원